# 儿童
# 口才课

赵麦芹——著

天津出版传媒集团

天津人民出版社

**图书在版编目（CIP）数据**

儿童口才课 / 赵麦芹著 . -- 天津：天津人民出版
社，2019.11
ISBN 978-7-201-15018-5

Ⅰ．①儿… Ⅱ．①赵… Ⅲ．①语言艺术－儿童教育－
教材 Ⅳ．① H019

中国版本图书馆 CIP 数据核字（2019）第 147447 号

# 儿童口才课
ERTONG KOUCAIKE

赵麦芹 著

| | | |
|---|---|---|
| 出　　版 | 天津人民出版社 | |
| 出 版 人 | 刘　庆 | |
| 地　　址 | 天津市和平区西康路 35 号康岳大厦 | |
| 邮政编码 | 300051 | |
| 邮购电话 | （022）23332469 | |
| 网　　址 | http://www.tjrmcbs.com | |
| 电子邮箱 | reader@tjrmcbs.com | |
| | | |
| 责任编辑 | 王昊静 | |
| 策划编辑 | 徐红有 | |
| 特约编辑 | 花　火　周自立 | |
| 装帧设计 | 尧丽设计 | |
| | | |
| 印　　刷 | 大厂回族自治县彩虹印刷有限公司 | |
| 经　　销 | 新华书店 | |
| 开　　本 | 880×1230 毫米　　1/32 | |
| 印　　张 | 6.5 | |
| 字　　数 | 90 千字 | |
| 版次印次 | 2019 年 11 月第 1 版　2019 年 11 月第 1 次印刷 | |
| 定　　价 | 39.80 元 | |

前言
PREFACE

卡耐基说过："一个人的成功，仅仅有15％取决于技术知识，而其余的85％则取决于口才艺术。"可见，口才对一个人的重要性。然而，如今的父母往往忽视对孩子口才的培养，而更在乎孩子的学习，甚至很多父母认为孩子的口才无关紧要，长大了自然就有了，不需要培养。

真的是这样吗？如果您这么想，那就大错特错了！

儿童心理学研究告诉我们，2个月到8岁之间是儿童的语言敏感期。这个阶段，孩子对语言有着极大的兴趣，他们能够很快模仿成人的用语，词汇量与表达能力迅速增长。因此，如果不抓住这个敏感期培养孩子的语言表达能力，一旦错过，就难再补救。

生活中，有些活泼的孩子经常叽叽喳喳，说个没完；

也有些安静的孩子不善言辞，见人就躲。其实，无论是话多，还是过于安静，都是口才不好的一种表现。想要改变孩子的这种状况，让孩子成为一名"社交小达人"，就要从小开始培养。

那么，如何培养孩子的好口才呢？这可能是令很多父母犯难的事情，因为培养孩子的口才不像辅导孩子学习那样具体化，有方法可循。

的确，培养孩子的好口才并非易事。为此，笔者撰写了《儿童口才课》一书。本书结合儿童语言发展的特点，让父母知道培养孩子的好口才，首先要让孩子具备良好的心理素质。

其次，本书详细讲解了如何引导孩子向人问好，让他迈出口才训练的第一步，以及做让人印象深刻的自我介绍的技巧。同时，针对孩子日常生活中的社交技巧、主持与演讲技巧等，也进行了深入的讲解。旨在挖掘孩子的语言潜能，帮助父母们从小培养一个能说会道的小天才。

## 1. 手把手教您培养孩子生活细节中的好口才

本书针对每一个生活细节进行深度讲解。比如，孩子如何向人问好？如何做自我介绍才能让人印象深刻？遇到陌生人如何警觉并礼貌地回应？接打电话如何进行清晰的表述？……总之，孩子在生活中可能遇到的说话场景本书中都有体现。

## 2. 真实案例，专业训练，快速提升孩子的口才

本书中既有生活中真实的案例，又有专业的口才训练内容。例如，生活中各种社交场景的呈现，提升孩子自信心的开幕词、对手戏，以及发音、节奏等训练。当然，也少不了口才之外的训练，这有助于让孩子在轻松专业的训练中快速提升表达能力。

## 3. 知识点丰富，板块多样，带来更好的阅读体验

本书内容涉及孩子口才的方方面面，不仅包括生活中各种场景的口才呈现，还有孩子在主持、演讲中的专业口

才训练，知识点比较丰富。在板块设计上，本书采取了多板块灵活的编排方式，以便带来更好的阅读体验。

　　培养孩子的口才是一个循序渐进的过程。儿童时期是口语表达能力养成的关键时期，父母应该深刻地认识到，口才培养要从娃娃抓起。认真读完本书，您不仅会明白培养孩子口才的重要性，还会感受到培养好口才的孩子原来这么简单！

# 目录
## CONTENTS

# 父母是孩子口才启蒙的第一人

　　孩子尚在襁褓中的时候，就开始发出"咿咿呀呀"的声音，迫不及待地想要说话。父母作为引导孩子说话的启蒙者，对培养孩子的语言能力起着重要的作用。可以说，孩子的口才赢在起跑线上，离不开父母的良好教育。

## 培养孩子的表达力，父母要遵循三个原则

刚出生的孩子犹如一张白纸，父母点缀怎样的颜色就会出现怎样的画面。有人说，对孩子的教育就犹如捏陶土，在孩子小的时候可以按照各种方式去捏塑他；等孩子长大了，就像长时间放置的陶土会变得越来越硬一样，这时候就很难再塑造他了。孩子的表达力也是如此，父母应该抓住孩子语言发展的敏感期，激发他的表达力。

在培养孩子表达力的过程中，父母扮演着重要的角色。这是因为孩子的日常家庭生活与表达力息息相关。通常来说，父母在培养孩子表达力的时候要注意以下三个原则：

### 1. 平等原则

很多父母以为孩子小，于是不顾及孩子的感受，无论做什么事都用命令的方式要求孩子。其实，这种不平等的关系会严重影响孩子的成长。比如在表达方面，有的父母总是压制孩子的说话欲，时间久了，孩子就变得不爱说话了。

而注重平等的父母往往能够让孩子参与生活中的一切事情。比

如，去哪儿玩，买什么东西，都会征求孩子的意见，给孩子发表意见的权利。久而久之，孩子的表达能力自然就会得到提升。因此，与孩子建立平等的关系是为孩子提供表达的良好土壤。

### 2. 鼓励原则

在培养孩子表达力的过程中，孩子愿不愿意，是否主动，是很关键的。也就是说，只有孩子心中有表达的意愿、爱表达，我们才能够通过各种训练让孩子会表达。这就要求父母多鼓励孩子，在孩子表达的时候善于倾听，并表现出自己的欣赏和兴趣，这样孩子才能更有信心、更积极地去表达。

当然，鼓励也要注意方式。有一位妈妈每次听完女儿讲的故事后，都会说"讲得真棒"，然后说"但是有几个地方需要注意一下，如果你能这样讲，就会更精彩"，接着把故事复述一遍。时间久了，女儿就变得不爱讲故事了。妈妈感到很疑惑，于是问女儿原因。女儿回答："我没有妈妈讲得好。"此时，这位妈妈才意识到自己的错误。想要让孩子更爱表达，就要多鼓励，少纠错。

### 3. 坚持原则

儿童语言的发展是有阶段的，不同的阶段，孩子对语言的掌握和理解能力也是不一样的。父母不仅要根据孩子语言发展的规律进行培养，更要认识到孩子的表达力是在逐渐进步的，而不是短期内就可以改变的。这就要求父母要一直坚持。

# 利用家庭时间给予孩子最佳的表达力

除了学校之外，家庭是孩子主要的活动场所，也是影响孩子表达力的主要环境，家人之间的交流无时无刻不在影响着孩子语言的形成。因此，父母如果能够合理地利用家庭时间训练孩子的表达力，就会获得事半功倍的效果。

## 1. 就餐时间

就餐时间是一家人比较休闲的一段时间，父母在这段时间不仅可以慢慢地享受美食，还可以和孩子进行闲聊。比如，让孩子说说学校里的趣事，和孩子讨论食物的味道、营养，说说计划去哪里旅游，等等。营造一个轻松愉快的交流环境，孩子的表达力自然而然就会得到提高。

## 2. 一起观看节目的时间

大多数孩子都喜欢看动画片，很多孩子还喜欢让爸爸妈妈陪自己一起看。与其让孩子一个人看，不如和孩子互动起来，让孩子介绍动画片中的人物，讲述其中的故事，以此训练孩子的语言表达能力。

### 3. 游戏时间

游戏占了孩子大部分的时间，针对10岁以下的孩子，父母应该尽可能地多陪孩子一起玩游戏，在互动中让孩子学会表达。比如，和孩子玩过家家，让孩子扮演不同的角色，以玩的形式来培养孩子的表达能力。

### 4. 家庭会议时间

在教育孩子的过程中，很多父母会忽视家庭会议的重要性，甚至有些父母毫无家庭会议的概念。其实，当下的家庭十分有必要引进家庭会议这种形式。这不仅有利于解决日常生活中孩子遇到的各种问题，还是一种非常好的说话训练方式，能给予孩子充分表达和主导的权利。

### 5. 入睡前的时间

很多父母会给孩子讲睡前故事，因为很多时候孩子上床后并不能立即入睡。这段时间就很适合家长陪孩子一起阅读故事，或者让孩子讲故事。当然，也可以和孩子聊其他的话题，但要注意把握时间和话题的内容，不能影响孩子入睡。

### 6. 自我表达时间

有时候，你会发现孩子一个人安静地待着或是在玩耍时，会自言自语，完全沉浸在自己的世界中。这个时候，父母一定不要去打扰他，因为这是孩子在进行自我表达，对提升语言表达能力是非常有帮助的。

# 为孩子营造锻炼口才的氛围

父母在提升孩子的表达力方面发挥着重要作用，那么，如何培养孩子的好口才呢？

首先，父母应为孩子营造一个良好的学习口才的氛围。浓厚的学习语言的氛围是培养孩子好口才的重要因素，贯穿着口才锻炼的整个过程。那么，父母该如何为孩子创造这样的环境呢？以下几个方面值得父母们借鉴：

## 1. 简化家庭的语言环境

我国地域辽阔，方言众多，如果家庭成员所说的方言之间存在着较大的差别，这就很可能导致在日常的家庭交流中出现多种方言混杂的语言环境。如果大人用方言交流，正处在锻炼口才黄金期的孩子会受到很大的影响。因此，父母要尽量为孩子创造一个讲普通话的环境，用规范的语言来教孩子。

## 2. 杜绝不良的语言刺激

美国心理语言学家F.R施莱伯说："要想知道你的孩子将来的语言水平如何，就必须先研究你本人现在的语言水平。"可见父母的语言对孩子语言形成的影响。如果父母在孩子面前粗话、脏话不离口，孩子就会有样学样，从而对孩子的身心健康和语言发展都产生不良的影响。

因此，锻炼孩子的口才，父母一定要注意自己的言行，良好的语言土壤才能孕育出完美的口才。

### 3. 与孩子说话时用词要清晰、准确

父母的语言时刻都在影响着孩子，一旦孩子养成了口齿不清、发音错误等习惯，想要改变就会非常困难。因此，父母跟孩子说话的时候要注意使用准确、清晰的发音和表达方式，帮助孩子从小养成良好的语言习惯。

尤其是孩子6岁以后，父母除了要注意孩子语言的准确之外，还要引导其说话时注意逻辑和条理。

### 4. 讲适合孩子的语言

在不同的成长阶段，孩子对语言的理解能力是不一样的。因此，父母和孩子说话时使用的语言也要逐渐变得成熟，只有选择适合孩子年龄的表达方法和说话方式，才有利于孩子语言的进一步发展。

相反，如果父母总是以幼稚的语言与孩子进行对话，那么，孩子的语言水平就会长期停留在幼稚的低水平阶段，这不利于孩子好口才的培养。

# 告别"奶味"语言，是口才启蒙的开始

　　大多数父母在与孩子进行交流时，会不自觉地认为跟孩子说话应该用幼稚一些的语言，这样孩子才更容易听得懂，于是经常用重叠词或拟声词来跟孩子交流，比如说"吃饭饭""坐车车""睡觉觉"等。这样表面上看似符合幼儿的发音，其实时间长了就会影响孩子的词汇积累，很不利于孩子语言能力的发展。

## 真实场景秀

　　妍妍是个3岁半的小女孩，可是说起话来却充满了"奶味"。

　　一大清早，房间里就传来妍妍的声音："妈妈，妈妈，我要拉尼尼！"

　　妈妈急忙跑进屋里，妍妍一骨碌爬了起来，然后着急地往地面四处张望，说："妈妈，找鞋鞋，我的鞋鞋在哪里？"

　　妈妈又跑到大厅把鞋子给妍妍拿了过来，并给妍妍穿上。

　　妍妍有点着急地说："妈妈，快快！我的鞋鞋为什么每次都不在床床的边上呢？"

　　妈妈说："鞋鞋穿好了，赶紧拉尼尼去吧！你每次……"

还没等妈妈说完，妍妍就跑出了房间。

模仿是孩子学习和掌握语言的主要手段，父母日常的语言表达就是孩子学习和模仿的对象。如果父母经常用"奶味"语言与孩子交谈，时间久了，孩子就会习惯用这种表达方式。而随着年龄的增长，孩子需要改用规范语言表达时，就会变得困难。

所以，千万不要认为"奶味"语言使用的频率越高，孩子掌握语言就越快。妍妍的妈妈常对孩子说"奶味"语言就是欠妥当的。因此，父母要尽量用正确、规范的语言与孩子交谈，这不仅有利于孩子掌握标准语言，也能为孩子今后学习更复杂的语言打下良好的基础。

**培养好口才这样做**

你意识到"奶味"语言对孩子的影响了吗？你还在教孩子说"奶味"语言吗？赶紧行动起来吧！别再让"奶味"语言影响孩子的表达能力了。如果你还在纠结或不知道如何正确地教孩子说话，不妨从下面几个方面做起：

1. 改变观念，及时更正

大多数父母都认识不到儿语、"奶味"语言的弊端，即没有树立正确的语言认知，因此，顺其自然地学着别人说，尤其是受上一辈人的影响。对此，父母应及时地改变观念，同时也劝导家里的老人不要对孩子说"奶味"语言，从根源上杜绝这样的语言刺激。

2. 用实物或易理解的词代替

孩子年龄小的时候，对有些词确实难以理解和掌握，遇到这样的情况，可以将与这些词相对应的实物拿给孩子看，或者换成更容易理解、规范化的同类词；对于某些发音较难的词，则可以放慢语速，或使用稍微夸张的口形，以便于孩子学习模仿。

其实，孩子的"奶味"语言都是受父母的影响，如果你的孩子还在说"奶味"语言，你不妨从自身做出一些改变吧！通过一些说话方式的转变或认物游戏来纠正孩子的这种语言习惯，比如拿出苹果，问孩子："这是什么？"如果孩子回答"果果"，就要及时纠正孩子的这种说法。

## 放任孩子的说话欲

当孩子学会说话之后，有那么一段时间，他对说话似乎特别上瘾，总是一天到晚缠着你说个不停。为此，很多父母不胜其烦，以至于用粗暴的话语制止孩子继续说下去。尤其是当带孩子外出或做客时，总是告诫孩子："不要乱讲话，要安静一点儿。"

### 真实场景秀

成成今年4岁了，是家里出了名的"小话痨"，每次爸爸妈妈下班回来，他都要问个不停，这让疲惫的爸爸妈妈很头痛。

有一天，妈妈带着成成去好友家里做客。由于第一次去，成成表现得很兴奋。

到了客人的家里，成成就像在自己家里一样，嘴里说个不停："阿姨，这照片上的小男孩是您的宝宝吗？""阿姨，您家的电视好大呀，我能看动画片吗？"……

一个接着一个的问题，让张阿姨都不知道怎么回答了。

成成的妈妈见状，赶紧呵斥："小孩子问这么多干什么？赶紧闭嘴！"

到了吃饭的时候，张阿姨问："成成，要不要喝点可乐？"成成正要开口，成成的妈妈立即接过话说："可乐对牙齿不好，还是喝茶吧！"

张阿姨接着又问："成成，阿姨做的饭好不好吃？"

不待成成开口，成成的妈妈又抢着说："看他一副馋猫的样子，肯定好吃，成成，你赶紧吃吧！"

成成很不高兴，默不作声地吃完饭。没过一会儿，他就闹着要回家。走的时候，他连招呼也没有打，就跑下楼去了。

## 父母要知道

儿童时期是培养孩子语言表达能力的关键时期，孩子变身"小话痨"也是一种正常的现象。

成成妈妈的做法是不妥当的，虽然孩子有时候话多，但只要不是无礼的话，就应该对其多一些耐心。如果一味地压制，时间长了，孩子就会放弃表达的机会，变得不爱说话。对于孩子来说，给予他们充分的发言权，就等于给他们提供了训练听、说的机会。让孩子说说自己的意见，谈谈自己的感想，能有效地提高孩子的语言表达能力。

## 培养好口才这样做

孩子的说话欲难以控制，总是让父母烦恼。那么，该怎么做才能摆脱烦恼又不影响孩子的表达呢？以下方法或许值得父母们借鉴：

1. 多一些耐心，专心地倾听

由于生活忙碌，大多数父母都不能随时随地地听孩子颠三倒四地讲述他的故事，因此烦恼也是可以理解的。对此，父母应该多一些耐心，认真地倾听孩子讲话。尤其是在空闲的时候，可以坐在孩子的旁边，专心地听他讲话，因为孩子也需要一个值得交流的听众。

2. 转移注意力，温和地制止

面对孩子话多的情况，如果父母实在没有时间听孩子说，可以通过转移孩子的注意力温和地制止。比如，可以让孩子去看一会儿书，或者帮自己做一件小事，以此打断孩子继续说下去。切记不要以命令的口吻，而要以商量或者请求的口吻让孩子去做其他的事。

第一章

▼

# 好口才，从塑造孩子的素质开始

▼

　　培养好口才，并非只是对孩子的语言能力加以训练这么简单。有些孩子知识丰富，一肚子的话却说不出来；有些孩子叽叽喳喳，却总是说不到要点。之所以出现这样的情况，是因为想拥有良好的口才，还需要具备诸如自信、稳重、应变灵活等良好的素质。

## 当众讲话，先培养孩子良好的心理素质

　　细心的父母会发现，孩子在家时能说会道，然而一旦进入陌生的环境或者当众讲话的时候，就变得安静或不知所措起来。为什么会出现这种情况呢？其实，这主要是孩子的心理素质差导致的。很多孩子都存在胆小的性格，以至于他们当众讲话时会害羞、自卑和恐惧。因此，如果想要让孩子拥有好口才，首先就要让孩子具备良好的心理素质。

### 真实场景秀

　　小杰今年刚上一年级，学习很优秀，可就是不爱说话，尤其是在众人面前表现得很腼腆，爸爸妈妈为此很头痛。

　　一次，在家长会上，老师要求同学们先做一个自我介绍。

　　轮到小杰上台时，只见他磨磨蹭蹭不敢上去。在老师的催促下，无奈的小杰只好慢吞吞地走到讲台上。

　　"大家好，我，我是……"话还没说完，台下有些调皮的同学就喊了起来："快说呀！"

小杰一听到这些话，就变得更加紧张，更说不出话了。

"嗯，我是……我是……嗯……"

最终，小杰只是说出了自己的名字。老师见小杰紧张，就赶忙接话道："小杰的介绍很精练，下面我们一起欢迎下一位同学上台吧！"

孩子在众人面前表现得胆小是很正常的，父母不必为此而忧虑。重要的是要让孩子多加锻炼，逐渐改变胆小的性格。同时，父母也要认识到，如果孩子长时间表现得胆小，就会缺乏当众表达的勇气，遇到问题不敢面对，总离不开别人的庇护，无法面对人生的挑战，使自己脱离社会。

其实，造成孩子胆小的原因是多方面的，最主要的就是环境和教育。比如，父母过度限制孩子的活动，造成孩子的社交环境封闭；或者过分娇宠孩子，不让孩子参与集体活动而缺乏锻炼；或者过于严厉，使得孩子战战兢兢，产生了自卑、恐惧的心理。所以，孩子胆小、不敢当众讲话，父母不要一味地指责，而是要自我反省，寻找原因。

## 培养好口才这样做

可以说，没有一个父母希望自己的孩子胆小、不敢当众讲话。因为胆小不仅会影响孩子口才的发挥，还会对孩子健康心态的养成造成不利影响。如果你的孩子存在这样的情况，请不必担心，以下几条策略可以很好地改变孩子的这一状况。

**1. 丢下包袱，大胆开口，克服害羞**

让孩子丢下心里的包袱，大胆地开口讲话，不要去考虑别人说什么，暗示自己镇定下来，感觉就像是和家人说话一样，克服在陌生环境下的害羞心理。

**2. 掌握技巧，转移注意力**

孩子当众讲话，紧张是可以理解的。其实，我们可以引导孩子掌握讲话时消除紧张情绪的一些技巧。比如，可以通过一些肢体动作，诸如挠挠头、深呼吸、走动一下等方式来消除心里的紧张，从而慢慢地表现出从容。

**3. 多进行锻炼，克服自卑心理**

孩子胆小、不善表达，父母如果引导不好，很容易让孩子感到自卑。父母要认识到孩子的这种状况不是短时间就可以改变的，因此，父母要多给孩子提供锻炼的机会，并循序渐进地引导孩子，让孩子变得自信起来。

🎤 **口才训练课** •

好口才是多方面素质的综合体现，其中心理素质尤为重要，它让孩子迈出敢说的第一步，这往往也是孩子口才不好的最主要因素。因此，不妨在日常生活中把握机会锻炼、塑造孩子良好的心理素质。

**你需要：**

准备一辆购物车，和孩子一起去市场购买食材。

**怎么做：**

1. 在周末的时候，拉着购物车和孩子一起去市场购买食材。去之前，可以和孩子商量要买的东西。

2. 在市场里，引导孩子主动询问各种食材的名称和价格，让孩子试着与销售员交谈，并完成食材的购买。

写下孩子的表现：

_____

_____

## 充满自信的孩子说话更积极

　　孩子沉默寡言、不善于表达、说话不流畅，甚至紧张焦虑，很重要的一个原因就是自信心不足。因为孩子害怕说错，害怕别人嘲笑自己，心里越是害怕，就越会造成情绪的紧张，而情绪紧张又直接影响孩子的讲话。所以，在一定程度上讲，树立孩子的自信心对孩子口才的发挥至关重要。只有信心十足，孩子才更愿意说话，表达才会更顺畅、更流利。

### 真实场景秀

　　琪琪是一个胆小的孩子，最害怕上数学课。

　　有一次，数学课上，老师叫琪琪站起来回答问题。琪琪听到后，一时间愣住了，完全不知道老师说的是什么问题。

　　小朋友们见琪琪半天没有反应，不禁哈哈大笑起来。

　　琪琪听到笑声后，更加紧张了，对于老师提的问题，琪琪记得好像爸爸妈妈教过，但又不确定，支支吾吾的就是说不出来。小朋友们笑得更大声了。

数学一直是琪琪的弱项，琪琪的父母为此很头疼。每次教她认数字、写数字，她总是记不住，尤其是10以内的加减法，即使扳起手指也学不会。

正是由于对数学缺乏自信，害怕说错，琪琪每次都很不愿意上数学课。

### 父母要知道

法国教育家卢梭说过："有了自信，你的才干便可以取之不尽，用之不竭；一个没有自信的人，无论他有多大的才能，都不会抓住一个机会。"可见培养孩子的自信多么重要。可以说，自信是孩子做好一切的基础。

在培养孩子的口才上，自信同样不可或缺。我们知道口才是开启成功之门的金钥匙，而自信则是孩子自由飞翔的翅膀。有了足够的自信，孩子在讲话或演讲时才不会紧张、恐惧，才能挥洒自如。因此，他讲的每一句话、做的每一个动作，都能够从容不迫，自由发挥。

### 培养好口才这样做

孩子说话或者演讲时，只有充满自信，在遇到意想不到的情况时才能够沉着冷静，勇敢面对。因为孩子坚信自己一定能够解决这些问题，所以会从容应对。然而，现实中很多孩子往往缺乏自信，表现得胆怯、不敢开口讲话。对于不自信的孩子，我们可以这样来培养：

1. 给孩子打气，逐渐建立孩子的自信

多给孩子打气，鼓励孩子大胆地把话讲出来。在日常生活中，给孩子创造多说话的机会，孩子的自信心就会在一次次的实践中建立起来。需要注意的是，在培养孩子自信心的过程中，父母一定要有耐心，不要责骂，否则就会让孩子更加自卑。

2. 不要拿自己的孩子跟别人比

每个孩子都有自己的特点，在说话或者演讲时，表现存在差异也是正常的。父母要善于发现孩子的优点并加以强化，这样，孩子的口才才会在赞赏中越来越好。切记不能总是对孩子说："你看人家表现得多好！"否则，孩子会更加不自信。

3. 不要过度呵护，让孩子做力所能及的事

不少父母认为孩子年幼，需要细心的呵护，从而为孩子包办一切。孩子从小在温室里长大，这很容易导致孩子变得胆小，遇到一点儿小困难就害怕退缩，躲到父母的保护伞下。因此，父母不妨根据孩子能力的大小有意识地让他们承担一些责任，这样做，不仅能锻炼孩子的能力，还能让他们从中获得自信。

🎤 口才训练课 •

还在为不知怎么让孩子开口说话而感到烦恼吗？其实，孩子不敢开口说话，父母首先要做的就是激发孩子的自信。在日常生活中，父母可以借助或者模拟一些场景来增强孩子的自信心。

**你需要：**

准备一些日常生活物品，比如笔、塑料水杯、刷子等。

**怎么做：**

1. 父母拿出这些物品，向孩子介绍物品的名称、用处，并让孩子记住。

2. 接下来，让孩子扮演售货员，父母扮演顾客来购买这些生活物品。在购买的过程中，父母可以询问孩子："这是什么？怎么使用？"

3. 尽量引导孩子详细地介绍这些物品。

**写下孩子的表现：**

_____

_____

_____

# 养成稳重的性格，避免孩子说话人来疯

　　生活中，有些孩子十分活泼，表现得特别爱说话。因此，很多父母认为，这是孩子口才好的表现。其实，孩子不分场合地说话，并不意味着口才好，有可能只是人来疯或者是多动症，这往往容易遭到他人的反感。

## 真实场景秀

　　3岁的洋洋是一个性格活泼的小女孩，平时特别喜欢说话。

　　洋洋平时在家里一个人玩耍时，总是自言自语，还经常给娃娃讲故事。为此，洋洋的父母都很高兴，认为自己的女儿爱说话，口才好。

　　直到洋洋6岁多，还是这么喜欢说话，而且越来越爱说，不论见到谁，或者看见任何东西，洋洋都喜欢搭话或提出问题，简直就是人来疯。

　　对此，洋洋的父母很苦恼。连幼儿园的老师也反映说，洋洋上课时总爱说话，屡禁不止，希望父母能够配合改变洋洋的这种习惯。

　　活泼好动是孩子的天性，爱说话只要在正常的范围内，父母就不必担心。但是如果像洋洋这样，就要适当地加以引导了。父母要让孩子学会倾听，而不是说个不停。因此，父母要让孩子明白，和别人交流要考虑对方的感受，要给对方说话或表达想法的机会，要学会倾听，这是对对方最起码的尊重。

## 培养好口才这样做

　　生活中，有太多孩子表现得大大咧咧，虽然很多时候是无伤大雅的，毕竟是孩子，但在有些场合则会被认为是不懂礼貌。这就需要父母培养孩子稳重的性格了。

### 1. 培养孩子的耐心

　　天性好动、喜爱说话、人来疯的孩子，常常也表现得比较暴躁，缺少耐心，因此，平时做事情比较容易情绪化。所以，要培养孩子稳重的性格，首先要让孩子拥有足够的耐心，让孩子明白，并不是一个人在任何时候的任何要求都能马上兑现，很多事都是需要等待的，有耐心的孩子才能认真地听他人说。

### 2. 冷静对待孩子的烦躁

　　性格不稳重的孩子遇事会比较烦躁，这个时候，父母一定要保持冷静的态度。因为孩子烦躁也会影响父母的情绪，如果父母无法控制自己的情绪，对孩子大喊大叫，让孩子处于一个暴躁的环境中，孩子的性格就会深受影响。

## 🎤 口才训练课

急躁、缺乏耐心是性格不稳重的孩子比较明显的表现，父母应该在日常生活中，通过一些训练来培养孩子有耐心、不急躁的品质，以便让孩子在讲话或者演讲中能够表现得沉稳。

**你需要：**

在日常小事中引导孩子学会稳重。

**怎么做：**

1．在日常的小事中，让孩子适当地等待，以磨炼孩子的耐心。

2．刚买回来的葡萄，需要浸洗几分钟，可是孩子偏急着要吃。此时，父母可以让孩子耐心等待一两分钟，其间可以让孩子去洗洗手。

3．需要注意的是，让孩子等待的时间不宜过长。可先从1分钟开始，然后到3分钟，再到5分钟，逐渐地延长时间，效果会更好。

**写下孩子的表现：**

_____

_____

_____

## 多一点儿幽默，孩子的讲话就多一点儿欢快

每一个孩子都是天生的幽默家，一个人能够说话风趣幽默，是因为内心保持着一种豁达开朗的境界。在交谈中适当地加入幽默，不仅能给别人带来欢声笑语，还是好口才的一种体现。可能你会说，孩子这么小，哪里懂得幽默呢？其实，孩子很多幼稚的语言、奇特的思维常常能引人发笑。父母可以培养孩子的幽默感，让孩子的语言变得更有趣。

### 真实场景秀

婷婷今年5岁了，左邻右舍都夸她口齿伶俐、能说会道，爸爸妈妈为此感到很高兴。

有一次，婷婷过生日，爸爸给她准备了一个大大的蛋糕。

幸福之余，为了教育孩子珍惜现在的生活，爸爸便说："你现在多幸福啊，你知道吗，爸爸小时候连蛋糕是什么都不知道。知道为什么爸爸小时候没吃过蛋糕吗？"

婷婷眨了眨眼睛，一脸认真地说："因为……因为您小时候没

长牙！"

　　父亲听了哭笑不得。本以为孩子会说"珍惜生活、感恩"之类的话，没想到孩子的回答这么幽默，奇特的思维令人忍俊不禁。

**父母要知道**

　　幽默的表达能够拉近孩子与他人之间的距离，能够让孩子在遇到特殊情况时急中生智，化解困境。父母要认识到，虽然孩子年龄尚小，但这并不等于孩子就不懂幽默，不要把孩子幼稚的语言不当幽默，更不能忽视对孩子幽默感的培养。

## 培养好口才这样做

年幼孩子的很多表现看起来幼稚、可爱，但总是能给人带来快乐。然而随着孩子慢慢长大，他们的幽默感却越来越少，语言也越来越平淡，其实这是大多数孩子都存在的现状。因此，父母从小对孩子进行幽默的熏陶是非常重要的，这是孩子今后形成幽默风趣的语言风格的基础。

### 1. 营造轻松的生活气氛

轻松愉快的环境，有利于孩子乐观性格的养成。比如，当孩子不小心磕碰、摔倒或做错事情而沮丧时，父母可以做个鬼脸，逗逗孩子。又比如，当孩子哭闹时，父母可以安抚道："宝宝，你瞧你哭得像只小花猫，鼻涕流得像瀑布，多难看啊！"孩子乐观了，幽默才会油然而生。

### 2. 用幽默的语言引导孩子

孩子的幽默离不开父母的引导，平时父母可以通过讲幽默故事、机智故事、脑筋急转弯等来训练孩子的思维敏捷性，丰富孩子的词汇。或者多给孩子听听相声等幽默节目，以此来熏陶、激发孩子的幽默感。

### 3. 培养丰富的语言和想象力

幽默的产生是有基础的，那就是丰富的语言和想象力。一个词汇贫乏、想象力欠缺的孩子是难以表达出幽默的。因此，让孩子多读书、多思考，看一些漫画，读一些儿歌、古诗等都是非常必要的。

4. 教给孩子一些幽默技巧

讲话幽默不是天生的，是后天培养出来的。对于年龄大一些的孩子，当他们掌握了丰富的语言之后，父母应该教孩子一些幽默的技巧，比如讲话时恰到好处地运用对比、反复、夸张等方法，能够有效地获得幽默的效果。

 口才训练课

在日常生活中，父母可以多陪孩子玩一些有趣的亲子游戏，这样不但可以在游戏中增进感情，而且游戏中夸张有趣的表情和动作能够让孩子在轻松快乐的环境中产生幽默感。

你需要：

准备一些动物的头饰，与孩子进行模仿动物游戏。

怎么做：

1. 在日常的空闲时间，戴上动物的头饰，和孩子一起模仿动物的表情或叫声。

2. 玩的时候，注意引导孩子如何模仿，表情要尽量夸张。

写下孩子的表现：

_____

_____

_____

# 懂礼仪，为孩子的语言增添魅力

歌德曾说："一个人的礼貌，是一面照出他肖像的镜子。"可见，从言行举止中便可以看出一个人的内在。同样的，一个懂礼仪的孩子，在说话、演讲中必然处处充满着温和与谦逊，就犹如一只百灵鸟的叫声，婉转而动听。因此，培养孩子的口才，不能忽视其内在的修养。

## 真实场景秀

娜娜的性格大大咧咧，常常被同学们戏称为"女汉子"。娜娜对此不以为意。

周末的时候，妈妈带着娜娜去姑姑家做客。

一进门，娜娜连打招呼都忘记了，在妈妈的引导下才向姑姑问好。姑姑洗好了苹果，对娜娜说："娜娜，姑姑给你削个苹果吃。"

没想到，娜娜随口说："苹果不好吃，我喜欢吃葡萄。"

妈妈提醒道："姑姑给你削苹果，你应该说谢谢啊，怎么能说不爱吃呢，太没有礼貌了！"

姑姑赶忙说："不要紧，小孩子说话直。"

吃饭的时候，娜娜更是对每一道菜都进行点评，好的说，不好的也说，这让姑姑一家人面面相觑，妈妈很尴尬。

吃完饭后，妈妈赶忙拽着娜娜回家去了，准备好好教育她一番。

**父母要知道**

口才好不仅仅是单纯意义上的口头表达能力好，更是孩子内在的礼仪道德修养的综合体现。对孩子进行礼仪教育是非常必要的，它有利于孩子与他人建立和谐的人际关系，在交际中打开局面，获得他人的认可。父母作为孩子的礼仪老师，要学会讲礼节，有礼貌，在待人接物时要有规矩，用自身的行为给孩子树立榜样。

**培养好口才这样做**

懂礼，是教育中最常提到和强调的内容之一。孩子爱说脏话，固然是不好的习惯，但其中的原因与环境息息相关。比如，在不少家庭中，父母自身就脏话连篇，使得孩子深受其害。所以，想要塑造孩子的好口才，父母需要从自身做起，再辅以正确的引导。

1. 礼貌用语不能丢

父母都希望自己的孩子能够成为彬彬有礼的小淑女或小绅士，想要实现这一愿望，就要对孩子灌输必要的礼仪知识。简单来说，在日常的交流中，要让孩子学会多说"您好、请、对不起、谢谢、再见"等礼貌用语。将这些用语融入口才中，才能得到他人的尊敬。

## 2. 培养说话时的举止礼仪

对一个人的印象首先体现在外表，即服饰上。孩子穿着干净、整洁，在与人讲话的时候，会给人一种舒服的感觉。其次，孩子在讲话中表现出来的举止，如挺拔的站姿、端正的坐姿、亲和的笑容等也会给人留下良好的印象。在日常生活中，多对孩子进行这方面的培养，能够为孩子的口才增添魅力。

## 3. 多表扬孩子的礼貌行为

对孩子的礼貌行为进行表扬，能够让孩子认识到有礼貌是受人欢迎的，进一步激励孩子的礼貌行为。比如，带孩子去做客，或在日常社交中，对孩子礼貌的表现适时地给予表扬和鼓励，让孩子感受被赞美的快乐。这也间接地培养了孩子自信、开朗的性格。

### 🎤 口才训练课

礼仪体现在孩子日常生活中的各种社交场合，尤其是与人打招呼和待客之道方面。父母不妨和孩子进行一些社交场合的模拟练习，以帮助孩子学会礼貌待人。

**你需要：**

模拟一个会客的场景。

**怎么做：**

1. 让孩子扮演主人，爸爸妈妈扮演客人，模拟一场会客的情景。

2. 客人在门外敲门，主人听到敲门声打开门说"请进"，并主动问好，然后引领客人坐下，拿出点心、水果等请客人吃，同时开始热情地交谈，待客人离开时说"再见"，并表示欢迎客人下次再来。

**写下孩子的表现：**

_____

_____

_____

## 应变能力是孩子口才好的必备条件

一个人的应变能力是指当环境、条件等发生变化时，能够及时采取措施迅速加以应对的能力。在说话演讲中，应变能力体现得尤为突出。可以说，口才好的孩子都具备出色的应变能力。然而，孩子的应变能力不是天生的，这需要父母从小进行培养。

玲玲是个聪明伶俐的孩子，无论是在家人面前，还是在陌生人面前都能说会道，深得大家的喜爱。在学校里，玲玲更是师生眼中的优秀演讲家。

有一次，学校组织演讲比赛。玲玲自然被列入了参赛者的名单。

演讲当天，玲玲自信地走上了讲台。正当她激情满怀地演讲时，突然话筒没有声音了。台下顿时一片骚动。

再看台上，玲玲立马轻盈地跳起了舞，还不停地用手拍打着话筒给自己伴奏。这时工作人员知道话筒坏了，立马上台给玲玲换了一个新的。

拿到新话筒的玲玲这才停下来，开口说："可能是我讲得太糟糕了，话筒都'捂住'了嘴巴，我就只好给大家跳一段舞了，希望大家喜欢！"

台下响起了热烈的掌声！师生们都对玲玲的机智赞不绝口！

**父母要知道**

表达能力一个很直接的体现就是应变能力。能说会道的孩子，一定有较好的应变能力，而口才平庸的孩子，应变能力往往较差。因此，在训练孩子口才的同时，千万不能忽视对应变能力的加强。此外，应变语言最好诙谐幽默，这样更有利于使紧张、尴尬的场面变得轻松、缓和，消除双方的紧张情绪，让孩子能够在复杂的社交环境中沉着应对。

## 培养好口才这样做

想要获得出色的应变能力是不容易的，这需要孩子拥有一定的知识、出色的智慧、敏捷的头脑和丰富的经验，而这些又是需要长期积累的。因此，父母要在日常生活中耐心地引导孩子，逐步提高孩子的应变能力。

### 1. 引导孩子保持冷静和自信

孩子的应变能力反映了他的机智和聪明，在遇到突发情况的时候，大多数孩子都会表现出慌乱，父母要做的就是引导孩子保持冷静和自信，甚至是微笑。这样才能在冷静中想出应对之策，流利地回答别人提出的问题。

### 2. 注重日常知识的积累

如果平时能引导孩子多学习知识，锻炼灵活的语言表达方式，那么孩子在说话、演讲时，面对任何问题都能得心应手。因此，在学习和日常生活中，父母应该让孩子广泛涉猎各种知识，只有丰富孩子的知识，孩子遇事时才能沉着冷静，随机应变。

### 3. 让孩子参加具有挑战性的活动

参加一些具有挑战性的活动是增强应变能力的有效方法，孩子只有在实践中经历各种各样的问题，才能真正地锻炼和提高自己的应变能力。比如，陪孩子做一些益智游戏，或是参加一些语言类的益智比赛，以提高孩子的应变能力。

口才训练课

丰富的活动是提高孩子应变能力的有效途径。在日常生活中，父母要多锻炼孩子的思维应变能力，孩子在讲话时才能快速地应对任何问题。

**你需要：**

准备几张白纸、一支笔。

**怎么做：**

1. 将白纸剪成大小相等的若干张小卡片，用笔在上面写上孩子熟悉的不同的词语。

2. 将写有字的卡片拿给孩子看，让孩子读出来，然后换另一张。这样不按顺序、加快速度地更换字卡，看孩子能否准确地读出字卡上的词语而不出错。

**写下孩子的表现：**

_____

_____

_____

# 向人问好，让孩子迈出口才训练的第一步

懂得与人打招呼，向人问好，是出色口才的体现。即便是如此简单的问好，很多孩子也表现得欠佳。比如，有的孩子害怕与人打招呼，见人就躲；有的孩子向人打招呼时，不是语音不清就是扭扭捏捏……可见，培养孩子的好口才需从主动打招呼开始。

# 学会打招呼是好口才的开始

　　打招呼是日常生活中常见的行为，也是人们相互见面时的一种礼节，更是开启社交的大门。打招呼看起来很简单，在社交中所起到的作用却不简单，它是锻炼孩子好口才的第一步。

### 真实场景秀

　　明明是一个很懂礼貌的孩子，见人总是很热情地打招呼。

　　有一天，吃过晚饭，明明出来散步，迎面碰见邻居徐爷爷。明明热情地过去打招呼："徐爷爷，又见到您了，您每天都这个时间出来散步，精气神十足啊，我应该向您学习。"

　　徐爷爷哈哈大笑道："哪有你这小娃娃精神啊，徐爷爷老了，多出来锻炼，身体才会更好。"

　　明明接着说："徐爷爷一点儿都不老，您快走起来，我跑着都追不上。"

　　……

　　就这样，明明和徐爷爷一路聊着，气氛相当融洽，好似爷孙俩。其实，不仅是徐爷爷，明明和小区里的很多人都特别熟，大家都说明明见人很有礼貌，很热情。

　　孩子每天都要与人打招呼，无论是热情地握个手，还是简单地说声"您好"，抑或是招招手、点点头。总之，打招呼是孩子日常社交中做得最频繁的事情。对于孩子的口才来说，通过几句简单的问候，大致就可以了解其在语言方面的水平。案例中的明明就是一个很好的榜样，父母一定不能忽视对孩子打招呼的引导，因为这是锻炼口才的第一步。

打招呼是孩子与人交流的第一个步骤，然而很多孩子的表现往往令父母头疼不已。其实，父母应该认识到，孩子打招呼时存在这样或那样的问题是可以理解的，这不仅与孩子的心理不成熟有关，还与缺乏父母的引导有关。因此，想让孩子学会打招呼，父母自身要有正确的理念，并科学地加以引导。

### 1. 了解孩子的心理

孩子对陌生的事物总是充满着恐惧、害怕等心理。因此，出于本能的自我保护，他们往往会远离、躲避。同样，孩子在社交场合中见到陌生人总是喜欢躲起来，这是很正常的表现。父母首先要有这样的认识，才能正确引导孩子的行为。

### 2. 别给孩子贴标签

当孩子见熟人不打招呼时，父母的表现往往不是解释"不好意思，孩子腼腆"，就是训斥孩子"你怎么这么胆小（不懂礼貌）呢"，这两种做法都是不对的。

孩子对自己的看法基本来源于父母的评价，如果父母在生活中反复地为孩子贴标签，说孩子腼腆、胆小、不懂礼貌，久而久之，孩子就会形成这样的自我认知，渐渐地也就变得和父母口中说的一样了。

正因为如此，父母不要给孩子贴上"不愿打招呼"的标签，以免孩子形成思维定式。

### 3. 父母要多加以引导

即便孩子克服了心理上的胆怯，敢于向人打招呼，也并不意味着孩子就能说好招呼语。这就需要父母在日常生活中教给孩子一些打招呼的技巧，尤其要注意一些禁忌，只有丰富孩子相关的知识，孩子才能恰到好处地向人问好。

🎤 **口才训练课** ●　　　　●　　　　●

孩子的性格对口才是有一定影响的，不同性格的孩子在打招呼时的表现也会存在差异。因此，父母不妨让孩子做一个测试，看看孩子究竟属于哪种性格。

**你需要：**

准备一道测试题，用来测试孩子的性格。

**怎么做：**

1. 询问孩子在日常生活中是如何打招呼的，给出选择：A. 做手势；B. 鞠躬；C. 只动嘴巴，表情不变；D. 拍拍对方的肩膀，说"你好！"。

2. 选择A，表示孩子比较重视表情和动作，与人交往喜欢照顾别人，对人亲切开朗，属于社交型；选择B，表示孩子容易注意到他人的淳朴，能够忍耐，不招人厌，属于思想保守型；选择C，表示孩子对好恶的态度明显，不喜欢与讨厌的人交往；选择D，表示孩子很喜欢与人接触，个性比较开放。

3. 看看孩子的选择，然后在生活中试着引导孩子纠正自己错误的打招呼方式，再看看孩子的表现。

写下孩子的表现：

_____

_____

_____

## 打招呼前，先教会孩子如何称呼他人

生活中，在遇见熟人或者陌生人时，大部分父母都希望孩子能够热情地打招呼，以此显示自己教育有方，而不是在别人面前丢面子。然而，令他们失望的是，孩子总是不主动打招呼。其实，很多时候，孩子不打招呼，很大的一个原因是不知道该如何称呼对方，这个时候就需要父母来引导了。

真实场景秀

小林今年6岁了，他最讨厌的就是逢年过节走亲戚。因为他每次都不知道如何跟那些亲戚们问好。

大年初二，小林跟着爸爸妈妈去了外婆家。一到外婆家，爸爸妈妈赶紧对小林说："快叫外公、外婆、舅舅、小姨、表哥、表姐……"

一大串的称呼搞得小林晕头转向。爸爸妈妈介绍完以后，小林扭头就记不清了。为此，整个做客过程小林都不敢讲话。

小林又被爸爸妈妈拉去爷爷奶奶家里做客，这回更复杂了，只见满屋子的人，爸爸妈妈引导着小林说："叫大伯、姑姑、堂弟、表姐……"小林听了，头都大了，依旧少言寡语。

两次做客下来，亲戚们都说小林不太爱说话，爸爸妈妈为此很尴尬。

后来，爸爸妈妈问小林为什么做客的时候不说话，他说："我根本就记不清该怎么称呼他们，害怕说错，干脆就不说了。"

爸爸妈妈此时才恍然大悟："原来是这样啊！"

**父母要知道**

很多时候，孩子表现得不爱说话，有他们自己的原因。如果父母不加以了解，而是不分青红皂白地责骂孩子，效果就会适得其反。案例中的小林就是因为记不清该如何称呼长辈们，害怕说错，而选择了沉默。

对此，父母应该做的就是教会孩子理清复杂的称谓，让孩子明白每个称谓所代表的意义，以及为什么要这么叫。耐心地让孩子记住，一遍不行就两遍，两遍不行就多遍，这样以后他们再与长辈交流时，就能够从容应对了。

**培养好口才这样做**

对亲戚的称谓，有时候连成人也难以区分，更何况是孩子呢！尤其是想要教孩子理清其中错综复杂的关系更是一件难事。那么，父母该怎么办呢？难道就没有让孩子快速记住亲戚们的称谓的方法吗？对此，父母可以通过以下几种方式来改善：

### 1. 充分利用有关书籍、视频

在孩子很小的时候，我们会教孩子一些简单的称呼。比如爸爸妈妈、爷爷奶奶、外公外婆、弟弟妹妹等。通常这些称谓都比较直观，有参照物，孩子容易掌握，而对再复杂一些的称谓就很难理解了，这就需要父母通过相关的书籍或者视频向孩子形象地展示各种称谓及其之间的关系，然后尽可能地联系实际亲属进行讲解。

### 2. 与孩子进行相关的角色游戏

为了让孩子更加形象地记住亲戚的称谓，父母可以和孩子适当地进行角色扮演游戏，让孩子在游戏中理清这些称谓的关系。比如，在字卡上写上亲戚的称谓，然后和孩子进行互动游戏，可以让孩子说说每一张字卡的意思，也可以先找一张字卡，让孩子进行准确的配对。通过不断地训练，从而让孩子熟练地掌握这些称谓。

### 3. 鼓励孩子，叫错了及时纠正

有些时候，对长辈的称呼很难准确地把握，尤其是面对左邻右舍或者陌生人时，孩子一时叫错称呼也是正常的。比如，在电梯里本该叫哥哥的却叫成了叔叔，这个时候，父母要用温和的语气及时进行纠正，让孩子说声"不好意思"。

你还在为不知道怎么教孩子称呼亲戚而烦恼吗？如果是，就赶紧行动起来吧！把这些称谓带入游戏中，相信在玩的过程中，孩子很快就能记住。

**你需要：**

准备一些卡片，一支彩色笔。

**怎么做：**

1. 在字卡上写上一些亲戚的称谓，比如姑父、姨父、叔叔、舅舅等。

2. 分别向孩子解释这些字卡的意思，然后提问："妈妈的弟弟叫什么？"让孩子在卡片中选出正确的字卡。依次提问其他的字卡，看看孩子的表现。

**写下孩子的表现：**

_____

_____

_____

# 孩子见人就躲，不打招呼怎么办

与人见面打招呼是一件很平常的事，但就是这样一件平常的事，很多孩子的表现常常让父母们头疼不已。大多数孩子都存在见人就躲，不愿意打招呼的情况，这对于培养好口才是非常不利的。因此，父母要有耐心，懂得正确的方法，逐渐让孩子养成主动打招呼的好习惯。

## 真实场景秀

周日，妈妈带着4岁的女儿若若在小区旁边的公园里游玩。

这时，正巧遇见了同小区的刘阿姨。见刘阿姨走了过来，妈妈拍了拍女儿的肩膀，说："若若，说刘阿姨好。"

谁知若若马上躲到了妈妈的身后，眼睛一眨一眨地看着刘阿姨，就是不说话。

这时，妈妈又对若若说了一次："说刘阿姨好呀！"

若若还是没有说话，只是怯生生地望着刘阿姨。

妈妈立即火了，使劲拽了一下女儿，大声说："你怎么这么不懂事呢？平时妈妈是怎么教你的？"

女儿一下愣住了，妈妈只好无奈地对刘阿姨说："我家孩子害羞，平时见人就躲，不愿跟别人打招呼，真不知道怎样让她改变。"

孩子不愿跟人打招呼，有多方面的原因。父母必须清楚孩子为什么不愿意打招呼，而不要一味地责备，否则只会适得其反。也就是说，父母在对待孩子不愿意打招呼这个问题时，要有正确的认识和做法。案例中的妈妈就是因为对女儿的心理不了解，所以越强迫，孩子越反叛。作为父母，我们一定要避免类似的情况再发生。

### 培养好口才这样做

通常来说，孩子不愿打招呼主要是因为难以突破心理上的害怕，如果父母强迫孩子去做，效果自然不明显。而如果父母懂得加以引导，效果就会不一样。以下方法值得我们借鉴：

**1. 抱起孩子，给予安全感**

年龄较小的孩子见到陌生人往往会比较害怕，此时，父母如果能抱起孩子，让孩子和对方高度相同，视线平齐，孩子的害怕心理就会减轻很多。

**2. 温和地引导孩子**

引导孩子与人打招呼时，语气一定要温和。比如，上述案例中的妈妈可以对孩子说："若若，你愿意和刘阿姨说'您好'吗？"这时如果发现孩子不愿意，则可以选择退而求其次的要求，如让孩子挥挥手，渐渐地消除孩子的害怕心理。

### 3. 不强迫孩子打招呼

强迫孩子向他人打招呼，会让孩子对社交产生恐惧心理，很可能会打击孩子的安全感和自尊心，最终让孩子对社交产生排斥心理，变得更不愿意打招呼。

### 4. 及时给予适当的表扬

一旦孩子勇敢地向他人打招呼了，父母就要及时进行表扬，比如对孩子说："你看，你这次勇敢地跟刘阿姨打招呼了，真棒！下次你也一定会勇敢地跟别的叔叔阿姨打招呼。"进行适当的表扬，有助于增强孩子的自信心，渐渐地让孩子见到任何人都能礼貌地打招呼。

您的孩子善于打招呼吗？如果您的回答是"不"，那么，不妨利用生活中的一些小游戏或情景模拟对话来锻炼孩子的口才。

**你需要：**

至少准备三个布娃娃，这三个布娃娃分别代表着孩子、爸爸/妈妈、陌生人的角色。设想一个打招呼的场景。

**怎么做：**

1. 父母与孩子，每人各拿一个布娃娃，分配好各自的角色。

2. 与孩子一起进入场景对话中，配合孩子练习生活中各种各样的打招呼方式。

3. 对场景对话做出总结，表扬孩子的表现，并鼓励孩子在日常生活中也要做到如此。

**写下孩子的表现：**

_____

_____

_____

# 向人问好也需要好的开场白

很多父母认为，有了较好的招呼语，就是很好的开场。其实，这是没有认识到打招呼和开场白的区别。简单地说，开场白是继打招呼之后为进一步交流所做的铺垫。开场白说得好不好，会直接影响接下来的交谈。因此，父母必须意识到开场白的重要性，并积极地引导孩子学会如何说。

### 真实场景秀

暑假的时候，妈妈带着乐乐去姥爷家玩。

一进姥爷家，乐乐就看见表弟一个人在玩，乐乐和表弟年龄相仿，想上前一起玩，就问表弟："在玩什么呢？"

可是，表弟看了他一眼，并没有理会，依旧独自玩着。

乐乐闷闷不乐地走开了。妈妈在一旁看到了，就对乐乐说："表弟不理你，可能是对你说的话不感兴趣，要不你和他聊聊动画片，说不定他会感兴趣的。"

于是，乐乐又跑到表弟的身边，说："我听说你很喜欢超人？"

表弟抬起头，说："是的，你也喜欢超人吗？"

……

就这样，乐乐在妈妈的提示下，终于和表弟玩到一起了，他们彼此聊着自己喜欢的动画人物，讲述着动画人物中的故事。

父母要知道

一个好的开场白能够迅速吸引对方，让对方进入话题；而一个毫无特色的开场白，很可能让对方无动于衷。案例中的乐乐一开始没有抓住表弟感兴趣的话题，只是随口一问"在玩什么"，自然无法引起表弟的兴趣。之后在妈妈的提示下，乐乐通过问表弟是否喜欢超人，引起了表弟的兴趣，使得俩人正式进入交流状态。由此可见，好的开场白，是孩子社交中的一块敲门砖。

**培养好口才这样做**

好口才的人之所以能够快速地打开双方的话匣子，就在于能够通过一个良好的开场白吸引对方。一般来说，开场白如何说并没有特定的标准，只要能够让双方快速进入话题，就是好的开场白。不过，这也是有章可循的。父母可以教会孩子掌握以下几种开场白：

1. 问候式的开场白

这是比较简单、基本的开场白方式。父母应该引导孩子根据对象、时间的不同而使用不同的问候语，这样能够起到更好的效果。尤其是跟熟悉的人之间，过多的话语可能显得不亲切，不如一句"好久不见，最近好吗"更加有效。

2. 套近乎式的开场白

套近乎，是一种能够迅速拉近与他人关系的开场方式。比如，孩子在与同伴交流时，可以把对方的兴趣爱好，或者双方的相同姓氏等内容作为问候语，以迅速拉近彼此的距离。比如，孩子在游乐场遇到一起玩积木的陌生小伙伴，可以说："你堆的积木真棒，我也很喜欢堆积木，我们一起堆吧！"这样的开场白能让孩子之间迅速地交流起来。

3. 赞美式的开场白

每个人都喜欢听到赞美的话，每个人也都有可赞美之处。因此，父母如果能够引导孩子，在与他人交流的时候多说一些赞美的话，一定会让对方更加愿意与你交流。比如，孩子在路上遇见同学，可以说："你今天穿的裙子真漂亮！"一句赞美可能就将俩人的距离拉近了。

## 口才训练课

孩子的口才需要在实践生活中进行锻炼，能否开口说好第一句话是交流能否进行下去的关键。在日常生活中，父母可以设想一些开场白，引导孩子大胆地说出来，以此锻炼孩子的说话能力。

**你需要：**

设想一些开场白的话语，带孩子一起去公园游玩，向不同的陌生人问好。

**怎么做：**

1. 写下一些不同场景下的开场白，和孩子一起说一说，让孩子熟悉并记住。

2. 带着孩子去公园游玩的时候，可以适当地寻找机会，让孩子与不同的人进行交流。比如，见到公园里的环卫阿姨时，可以说："阿姨，您好，公园的环境真棒！我想这都是您的功劳……"

3. 多让孩子向不同的人问好，看看孩子的表现。

**写下孩子的表现：**

_____

_____

_____

# 孩子打招呼时的注意事项

或许你会说："打招呼有什么值得注意的，不是很简单的事吗？"其实，打招呼不仅仅是问声"你好"这么简单，而是有很多的技巧和注意事项。如果方式、方法不对，即便是好意，在他人眼中也会变成不敬。因此，父母一定要教导孩子注意打招呼时的一些事项。

## 真实场景秀

李娜上小学三年级，是个口无遮拦的小姑娘。因此，她得罪了不少人。

一天，张丽穿了一件很漂亮的连衣裙，孙雪不停地夸赞说："真好看！"

李娜见了，也上前打招呼道："裙子很好看，就是撑得有点紧。"

张丽一听，非常生气地走开了，这触到了她的痛处，因为她有点胖。

这时，李娜才意识到自己的话说过头了。

还有一次，李娜吃完晚饭，准备下楼散步，在路上遇见了江阿姨。只见江阿姨一脸的不悦，李娜随口就说："江阿姨，您来散步啦，今天怎么不见叔叔呢，平时都是一起下来的呀！"

江阿姨很不悦地说了一句"吵架了"，然后转身就离开了。

李娜顿时感到很尴尬，不禁为自己说的话感到后悔。

**父母要知道**

打招呼最难的就是恰到好处，在实际生活中，有太多的因素会影响我们的判断，导致我们在不经意间可能就说错了某句话。就好比案例中的李娜，在赞美裙子好看的时候，如果把后半句话换成"穿在你身上更好看"，见到江阿姨的时候，如果说"江阿姨，您心情不好呀，我陪您一起散散步吧"，或许效果就会不一样了。可见，打招呼时让孩子注意用语是很重要的。

**培养好口才这样做**

对于孩子在打招呼中出现的种种状况，该怎么杜绝呢？通常来说，父母可以从以下三个方面进行引导：

1. **根据对方的身份选择招呼语**

面对不同的身份，称呼自然也是不一样的。比如同辈、同学、朋友之间的招呼语一般用"你好"；而向老师或长辈打招呼则应在

"好"字前加尊称，如"老师，您好""伯伯好"。父母在引导孩子向他人打招呼时，一定要让孩子准确地掌握这些招呼语。

## 2. 时间不同，招呼语也不同

很多时候，人们打招呼会根据时间段而选择不同的招呼语。比如，早晨见面会说"早上好"，中午会说"您好"，晚上则会说"晚上好"等。下雨的时候会说"这天气太糟糕了，出个门都不方便"；夏天的时候会说"今天真热啊"等。父母要引导孩子借助这些内容来提炼招呼语，以避免说错了。

## 3. 不同场合用不同的打招呼方式

在不同的场合，鉴于对方的不便等情况，打招呼也要得体。比如，在路上相遇时，如果对方匆忙赶路，那么打招呼就要简单；在学校远远地碰到熟人，一般只用手势或眼神示意即可；在洗手间相遇一般点头即可；等等。父母要教导孩子说话要分场合，不要在任何场合都用相同的方式打招呼。

🎤 **口才训练课** •

与其天天教导孩子要如何如何做，不如设置不同的场景，和孩子多进行互动。这既能发现孩子打招呼时常犯的禁忌，又能及时对孩子的行为进行纠正。

**你需要：**

设想一些打招呼时的情景，与孩子进行互动练习。

**怎么做：**

1. 向孩子提出问题，如"在路上遇见老师，你会怎么说？""在电梯里遇见邻居老爷爷，你会怎么说？""在游乐场遇见同学，你会怎么打招呼？"等等。

2. 看看孩子的回答，回答不对的要进行纠正。

**写下孩子的表现：**

_____

_____

_____

# 完美的自我介绍，才能让人印象深刻

　　一个完美的自我介绍，不仅是孩子展现自己的机会，还是孩子良好表达能力的体现。当然，对于孩子来说，做一个完美的自我介绍并非易事，这需要有良好的口才做基础。反之，让孩子掌握自我介绍的技巧，也是提升孩子口才的重要途径。

# 自我介绍带给孩子的意义

在日常社交中，人与人之间要进行沟通，自我介绍是最常见的方式之一。通常，打过招呼、说完开场白之后，就要向对方进行自我介绍。然而，在现实生活中，很多孩子不善于做自我介绍，往往只是简单地介绍自己的名字。其实，自我介绍是交往中的一个重要环节，对培养孩子的口才有着重要的意义。

## 真实场景秀

沐沐是一个性格开朗、口齿伶俐的孩子，无论走到哪里，他都叽叽喳喳地说个不停。在小区见到叔叔阿姨时，沐沐总是热情地打招呼，邻居们都说他是个懂礼貌的孩子。

有一天，爸爸的同事来家里做客，沐沐一见到他就高兴地说："叔叔好，里面请！"

叔叔笑着说："真是个懂事的孩子！你叫什么啊？"

"我叫沐沐。"

爸爸接过话说："沐沐，给叔叔做个自我介绍吧！"

沐沐思索了片刻，说："可是我不知道怎么介绍啊！"

爸爸耐心地引导，对沐沐说："你可以这样介绍自己：'我叫沐沐，今年8岁了，在希望小学读书，刚刚上三年级。我特别喜爱看书，同学们都喜欢听我讲故事，语文课上，老师夸我见多识广……'"

"哦，我知道了，为什么要说这么长啊？"

"为了让叔叔更清楚地了解你啊！"爸爸说。

父母要知道

　　自我介绍不仅能让他人更好地了解自己，还能够让孩子对自己进行总结，从而对自己有一个正确的认识。另外，自我介绍还有利于增强孩子的表达能力、逻辑思维能力。案例中的沐沐口齿伶俐，但却不知道如何做自我介绍。父母要积极培养孩子做自我介绍的能力，让孩子完美地展现自己。这才有利于加深别人对他的印象，让他在社交场合中赢得主动权。

### 培养好口才这样做

自我介绍是孩子展现自己的机会，很多孩子认识不到自我介绍的重要性，这在社交场合中是需要纠正的。父母首先要告诉孩子自我介绍对他们的意义：

**1. 让孩子更深入地了解自己**

孩子对自己的认识非常有限，他们往往只知道自己叫什么，这是他们对自己最初的认识。而自我介绍，则可以让孩子知道"我"并不只是一个名字，还有性别、年龄、自己的优缺点、兴趣爱好等，这能够让孩子对自己有更深入的了解。

**2. 有利于交流双方打开话匣子**

社交过程中，面对陌生的小朋友，孩子往往不知道说些什么，使得彼此玩不到一起。这个时候如果双方能够做一个详细的自我介绍，就能增加彼此的了解，从中找到话题，打开话匣子。

**3. 锻炼孩子的逻辑表达力**

我们知道，招呼语、开场白都是比较简单的话语，孩子容易掌握。而自我介绍则较长，这就涉及一个逻辑问题了。先介绍什么，后介绍什么，取得的效果是不一样的，一个好的自我介绍必须逻辑清晰。培养孩子良好的自我介绍能力，就相当于提高了孩子的逻辑表达力。

🎤 口才训练课 •••••••••

幼儿在第一次做自我介绍的时候，往往只会说自己的名字，这并不是因为他们的口才不好，而是因为他们对自我介绍没有形成认识。因此，在实际生活中，父母应该引导孩子从最简单的自我介绍开始，让他们明白自己是谁。

**你需要：**

准备一个简单的自我介绍模板。

**怎么做：**

1. 让孩子说出："大家好！我叫_____，_____（姓）就是_____的_____（姓），_____（名）是_____的_____（名），这个名字预示着我将成为_____的人。"

2. 如果孩子不能对自己的名字进行联想，父母要及时地进行引导。

**写下孩子的表现：**

_____

_____

_____

## 练好普通话是做自我介绍的基本功

　　对于幼儿来说，掌握标准的普通话有助于他们与周围的人进行沟通交流，让他们更好地适应幼儿园及以后的学习和生活。然而，由于地域的差别，或者受家庭语言环境的影响，有些父母不注重训练孩子的普通话，以至于孩子在与同伴进行交流时，让人听不懂他说的是什么。面对这种情况，父母就要加以重视了。

**真实场景秀**

　　秀秀的老家在福建，小时候，秀秀的爸爸妈妈没有意识到普通话对孩子的重要性，于是家里主要用闽南语交流。

　　如今，爸爸妈妈把秀秀带到了北京，在北京上小学。可是，同学们很多时候都听不明白秀秀讲的是什么，一句话可能要重复很多遍才能让人听懂，这让秀秀很苦恼，甚至有些自卑起来。

　　有一次，班里来了一位新老师，要求同学们做自我介绍。秀秀上台后，讲话不断地被打断，因为她说话很多同学都听不懂，这让秀秀很尴尬。

从此以后，秀秀就变得不合群了。课余时间，同学们都在一起玩，秀秀却一个人坐在教室里；大家一起讨论问题的时候，秀秀在一旁不说话，于是渐渐地开始厌恶上学了。

后来，爸爸妈妈发现了事情的严重性，后悔以前没有尽早让女儿学习说普通话。

## 父母要知道

孩子天生就有超强的语言模仿能力，其语言能力的发展受家庭的影响较深。案例中的秀秀之所以难以融入同学中去，就在于从小受家庭语言环境的影响，这一点父母是有直接责任的。如果秀秀的父母善于抓住语言发展的敏感期，从小引导她说普通话，那么就不会出现后来的情况了。

## 培养好口才这样做

普通话是全国通用的标准语言，具备良好的普通话水平，孩子才能更好地与他人进行交流。对于普通话不好的孩子，排除地域因素的影响，父母可以通过以下几个措施来提高其普通话水平：

### 1. 营造语言环境

家庭语言环境对孩子语言能力的发展有着直接的影响，因此，父母应该克服各种困难，规范自己的语言，坚持使用普通话交流，保证发音规范、正确，时刻给孩子标准的普通话刺激，这样，孩子的普通话水平必然会在长期的熏陶下得到改善。

2. 进行一些专业的训练

对于普通话特别不好的孩子，除了营造语言环境外，如果有条件，还可以让孩子参加一些普通话培训，通过专业的老师，分阶段地对孩子加以训练。

## 口才训练课

孩子普通话不好，最主要的就是发音不准确，尤其是容易把一些相似的音混淆。父母除了要让孩子对容易混淆的每一个音节多加练习外，还可以进行一些绕口令训练。

**你需要：**
准备一些适合孩子的绕口令。

**怎么做：**

1. 让孩子练习绕口令《猴拍球》：一群猴，打篮球，猴拍球蹦球碰头，球蹦猴拍头碰球，球碰猴头球蹦跳，猴拍蹦球头碰球。

2. 练习的时候，如果孩子读不好，父母要一句一句地教，速度要由慢到快。

**写下孩子的表现：**

_____

_____

_____

# 训练好口才的"自我介绍"技巧

　　生活中，有的孩子在介绍自己时能够有条有理、落落大方，通过简短的一两段话将自己完美地呈现在他人面前；也有的孩子在介绍自己时语无伦次，说了一大堆，结果他人很快就忘记他说了些什么。这取决于孩子是否掌握了做自我介绍的技巧。

真实场景秀

　　张小军刚升入四年级，在新学期的第一次课上，老师要求大家做一个自我介绍，互相认识。

　　前面几位同学上台的时候，都比较拘谨，说了几句就下来了。

　　轮到张小军的时候，他很自信地走上了讲台，环顾一下四周，然后不慌不忙地说："我叫张小军，今年9岁了。有人说我长得像黑炭，可是这有什么办法呢？我来自农村，在乡下的时候可能羊放多了。"

　　同学们听到这里都笑了起来，这时，张小军接着说："不过，我为此感到很骄傲，我竟然掌握了一门放羊的技术，但是千万不要以为我只懂得放羊哦。其实，我还很喜欢看书，我希望自己以后能成为一名作家。因此，我希望能够和大家一起学习，一起努力，去实现我们心中的梦想。"

当张小军做完自我介绍后，同学们都热情地鼓起掌来。

父母要知道

　　每一个人都是与众不同的，孩子做自我介绍就是要表现出他自己的特点，让他人感觉到孩子的独特个性，而不是千篇一律。就像案例中的张小军一样，拿自己的"黑"来自嘲，同时又通过"黑"将自己的个性表现得淋漓尽致。由此可见，介绍自己是需要掌握技巧和方法的。

**培养好口才这样做**

自我介绍不同于打招呼、开场白，对于孩子来说是有一定难度的。因此，想要让孩子做好自我介绍，就必须掌握一些技巧和方法。如果父母能够从以下几个方面加以引导，孩子的自我介绍就会更加精彩并让人印象深刻。

**1. 介绍的内容尽量全面**

一般来说，自我介绍的内容主要有姓名、年龄、学校、班级、家庭、父母、爱好、理想等。孩子在做自我介绍的时候，这些内容可以都包含在内。当然，有些内容也可以不说，比如具体的家庭地址，或者不太重要的信息。

**2. 不要过多地强调"我"**

孩子在做自我介绍的过程中，如果不断地强调"我"，就容易引起他人的反感，因为别人会认为他太过于自我了，不懂得谦虚。因此，应该以平和的语气说"我"字。

**3. 语言要生动、幽默**

做自我介绍的目的就在于吸引别人记住你说的每一句话。因此，除了内容要好之外，如果能够说得生动，甚至善用幽默的语言，更能让人印象深刻。比如，利用自己的属相介绍说："我属马，人人都说老马识途，可是我却经常迷路……"

**4. 巧妙利用名字进行解释**

父母给孩子取名，大都有一个象征的意义。不妨告诉孩子记住自己的名字所代表的意义，在做自我介绍的时候说出来，这样更能让人记住。比如，案例中的小军可以这么介绍："我叫小军，我爷爷叫大军，是一位军人。可能你会问我爸爸叫什么？没错，叫'和平'，爷爷生于战争年代，希望孩子能够和平地生活，而我，却被爸爸认为应该去当兵……"

**5. 善用表情和肢体语言**

好的演讲家不仅善于表达，还表现得举止大方、温和优雅，这是因为他们善于用表情和肢体语言。因此，孩子在介绍自己的时候，如果也能够充分利用丰富的表情并配合肢体动作，一定会更加吸引人。比如，自我嘲笑时可以耸耸肩、双手一摊等。

### 🎤 口才训练课

自我介绍的方式多种多样，无论哪一种，只要能让人印象深刻就是出色的。父母别忘了在日常生活中对孩子进行一些相关的训练。比如准备各种模板，让孩子在训练中尽量多掌握一些方法，以提高自我介绍的水准。

**你需要：**

准备一段自我介绍的模板，可以是自我解读式的，也可以是自嘲式的。

**怎么做：**

1. 拿出写好的模板："大家好，我叫_____，今年_____岁，来自_____，我长得_____，这是因为_____，

不过，我还是_____，我喜欢_____，希望能够和大家
_____。"

2. 让孩子来填空，然后在心中默记下来，说一说。

写下孩子的表现：

_____

_____

_____

# 好口才，也体现在擅长介绍他人

在孩子的日常生活中，经常会出现这样的场景：这就需要孩子分别向对方介绍自己的另一个好朋友。能否让两个好朋友迅速地了解对方，就在于孩子介绍他人的方式和方法了。

**真实场景秀**

小庆和李涛是同桌，两个人非常要好，经常在一起玩。

眼看就要到周末了，放学的路上两个人正在讨论去哪里玩，李涛突然灵机一动，对小庆说："既然我们都想出去玩，要不，我们两家人一起出去玩，那该多棒啊！"

小庆附和："这个主意真棒！"

两个人各自回到家和父母讨论了此事，结果一拍即合。

周末，小庆和父母准备好一切，与李涛一家人在出发地点会合了。虽然小庆和李涛是很熟悉的朋友了，但是彼此的爸爸妈妈还是头一次见面。

这时，双方的父母提醒孩子们："请你们各自介绍一下自己的爸爸妈妈吧！"

这下小庆和李涛都愣住了，然后说："这是我的爸爸，叫×××，这是我的妈妈，叫×××。"说完就拉着手走开了。

双方的父母只好耸耸肩，各自做起了自我介绍。

**培养好口才这样做**

　　我们都有过被别人介绍的经历，如果介绍方过于夸耀，我们会感觉很不自在；如果介绍方过于随意，我们又会感觉不受重视。对于孩子来说，同样如此，正确引导孩子介绍他人，才能让孩子在社交中更受欢迎。通常介绍他人时应该注意以下几个方面：

　　1. 正确选择介绍方式

　　介绍他人有很多种方式，不同的场合要选择合适的介绍方式。一般来说，父母可以引导孩子学会这样几种方式：

　　（1）简单式，是指只介绍双方的名字，甚至只提到双方的姓氏，适用于一般的社交场合。如："我给大家介绍一下，这是我的同学×××，希望大家在一起玩得开心。"

（2）标准式，是以介绍双方的姓名、身份为主，适用于比较正式的场合。如："请允许我给大家介绍我的两位好朋友，这位是我的邻居小洁，这位是我的学妹小媛。"

（3）推荐式，是指将某个人重点举荐给其他人，介绍时会对被介绍人的优点加以重点说明。如："这位是思思同学，是我们班里的学霸。小昕，以后有什么不懂的就可以直接请教思思同学，能够认识她，你以后学习一定会进步很快。"

2. 选择恰当的时机

介绍他人不仅要掌握正确的方式，还要善于察言观色，懂得在他人方便的时候进行。尤其需要注意有其他人在场的时候不要随意介绍，他人没空的时候不要去打扰，他人情绪不好的时候也尽量不去介绍。父母必须引导孩子注意这些问题，才能让孩子在介绍他人时更受欢迎。

**3. 注意介绍他人的顺序**

在介绍他人时，一般要遵循"尊者优先"的原则，这样才能避免尴尬的情况出现。

**口才训练课**

你的孩子懂得介绍他人的重要性吗？善于介绍他人吗？不妨试着在别人面前介绍孩子，让他感受一下被介绍是怎样的感觉。

**你需要：**

当着孩子的面向好友或同事介绍他。

**怎么做：**

1. 带孩子外出游玩，当你遇见自己的好友或同事时，试着向他们介绍自己的孩子，看看孩子有什么反应。

2. 事后，让孩子谈谈自己的感受，并指导孩子掌握介绍他人的方法和技巧。

**写下孩子的表现：**

_____

_____

## 自我介绍和介绍他人的不同

　　自我介绍是将自己更加完美地呈现在他人面前，而介绍他人更多的是起到一个桥梁的作用，在孩子的口才训练中，父母要引导孩子理解这两种介绍的区别，这样孩子才能在社交场合中做到游刃有余。

**真实场景秀**

　　刘强和彭华是一对好朋友，有着共同的兴趣爱好——踢足球。彭华的球技很好，刘强很佩服。为此，彭华也很自傲，经常一副盛气凌人的样子。

　　有一次，在操场上，刘强和彭华等一群人在一起踢友谊赛。片场休息的时候，刘强的同桌袁飞走了过来，正要和刘强打招呼，一旁的彭华突然说："嘿，小个子，你谁啊！不会踢球吧？"

　　袁飞瞥了一眼彭华，立即就把目光转移到了刘强的身上。

　　这时，刘强正打着手势准备向袁飞介绍彭华，没想到袁飞径直地走开了，这让他很尴尬。

　　后来刘强才知道，袁飞看不惯彭华那副自傲的样子，不想结交这样的朋友。

案例中的刘强在向袁飞介绍彭华的时候遭遇了尴尬，问题就在于他没有认识到：在向他人介绍自己熟悉的人时，首先需要征得对方的同意。其实，除了这一点，介绍他人与自我介绍还存在很多不同和需要注意的地方。

## 培养好口才这样做

我们已经详细地讲解了如何做自我介绍和介绍他人，这里，我们主要来说一说两者的区别，其具体表现如下：

### 1. 目的和角色不同

自我介绍的主体是我，充当第一角色，目的在于让人了解自己，能够让孩子更清楚、全面地认清自己；而介绍他人的主体是别人，自己只是第三方，目的在于让他人之间互相了解。

### 2. 对表达能力要求不同

自我介绍和介绍他人在难度上是不一样的，在表达能力上的要求自然也不一样。自我介绍只需把自己的情况说清楚即可，而介绍他人至少要将两个人的情况说清楚，甚至是多个人。这就会产生很多复杂的环节，比如应该先介绍谁，后介绍谁。此外，一连串的介绍还很考验逻辑表达力。

### 3. 是否需要事前征求意见

自我介绍往往是出于自己或他人的需要，通常不需要问对方是否同意；而介绍他人时，需要事前询问被介绍的双方是否有这个需要，只有征得同意后才能进行，否则就很有可能好心办坏事。

**口才训练课**

当孩子学会了自我介绍之后，介绍他人也应该列入孩子的口才训练中。在日常生活中，父母可以适当地让孩子为自己搭个桥。

**你需要：**

让孩子给彼此搭个桥。

**怎么做：**

1. 和孩子商量，开家长会的时候，请孩子向自己介绍他好朋友的父母，并让孩子告诉好朋友提前知会自己的父母。

2. 介绍时，认真地听孩子说，如果孩子说得好，不要忘记表扬；如果孩子说得不好，要给予适当的引导，甚至是再向对方的父母做一遍自我介绍。

**写下孩子的表现：**

_____

_____

_____

# 第五章

▼

## 交谈讲技巧，好口才不是耍贫嘴

▼

　　会讲话是开启孩子交际之门的钥匙，其中有着许多技巧。也就是说，要想让孩子在日常的交谈中表现得更加出色，赢得更好的人缘，父母需要适当地传授一些技巧和方法。让孩子将其运用到实际的交谈中，从而进一步提升孩子的口才。

# 孩子学不良口头禅要不得

孩子天生有着超强的模仿力，尤其是在语言方面，很容易学会一些不好的口头禅，甚至把说这些口头禅当作一种乐趣。如果孩子在日常的社交中，不良口头禅不离口，不仅有损自己的个人形象，还容易引起他人的反感。

**真实场景秀**

圆圆今年5岁了，是一个活泼可爱的小女孩。

可是，最近妈妈发现圆圆变得不那么可爱了，经常把"我讨厌你"挂在嘴边。

比如，圆圆每次吃饭都拖拖拉拉的，总是不愿离开电视机。这个时候妈妈只好拿起遥控器把电视机给关了。圆圆就会很生气地说："哼，我讨厌你！"然后很不情愿地去吃饭。

又如，当妈妈叫圆圆放下手中的玩具，整理自己的房间，然后去睡觉时，圆圆嚷嚷着："我讨厌你！我要换一个新妈妈！"

妈妈很生气："好！明天你就搬去你的新妈妈家。不过，不许带任何玩具！"

每次听到圆圆说"我讨厌你"，妈妈心里都很难受。

## 父母要知道

其实，在生活中类似于"我讨厌你"这样的口头禅还有很多，造成的原因就是外界因素给了孩子不好的影响。因此，如果孩子因生气而说一些不好的口头禅，父母也不必太在意。尤其是不能对孩子说"我也很讨厌你""你赶紧去找新妈妈"之类的话，这样容易让孩子对你失去信任，而且对孩子改掉口头禅也毫无作用。

### 培养好口才这样做

孩子喜欢说口头禅，大多数时候只是一种说话的习惯，并非孩子真正的意思。因此，当孩子说一些难听的话时，父母首先要保持冷静，试着找出孩子话语背后的真正原因，然后教孩子改掉说不雅口头禅的习惯，具体可以从以下几个方面来进行：

#### 1. 寻找原因，从源头着手

不知从什么时候开始，孩子就说起了口头禅，这令很多父母疑惑不解。其实，孩子自己是不会发明口头禅的，都是学来的。这一方面受家庭、学校环境，即父母、同学的影响；另一方面就是从影视节目中学来的。因此，要从根源上杜绝不良口头禅。

2. 试着让孩子换个词表述

当孩子说出不雅口头禅时，父母可以让孩子解释一下口头禅的意思。如果孩子说不出个所以然来，再向孩子解释："我觉得这句话虽然很酷，但很不礼貌，你可以换一个好一点儿的词说一说。"一旦孩子认识到自己说的话很不礼貌，或许很快就会改正过来。

 口才训练课

很多孩子在表达能力上表现优秀，三言两语就能带动气氛或是说服他人，但是喜欢说"傻瓜""白痴""神经"等词，使得个人形象大打折扣。因此，不妨和孩子来个约定，共同杜绝不雅口头禅。

**你需要：**

准备笔和纸。

**怎么做：**

1. 与孩子约定，互相指出彼此的不良口头禅，然后写在纸上。进行一周的记录，比一比，看谁说得少。

2. 互相监督，对表现优秀的一方给予适当的奖励，表现差的一方给予适当的惩罚。教会孩子使用一些礼貌用语，以代替不雅口头禅。

**写下孩子的表现：**

_____

_____

# 客人来访，孩子说话要大方有礼

在日常生活中，家里难免会来客人。这个时候，有的孩子表现得很兴奋，对客人说话一点儿也不客气；有的孩子则表现得很冷漠，对客人不理不睬；也有的孩子表现得很害羞，说话吞吞吐吐。对此，很多父母比较头痛，因为孩子的这些表现都是很不礼貌的。父母必须引导孩子在客人来访时表现得彬彬有礼、从容大方，这样才有利于锻炼孩子的社交口才。

## 真实场景秀

"叮咚——"门铃响了，不等父母叫，岳岳就兴奋地跑去开门了。

门一开，看见是陌生人，岳岳问："叔叔您好，请问您找谁呀？"

叔叔说："小朋友，你好！我是你爸爸的同事曾叔叔，我来向他请教问题。"

"哦，曾叔叔快进来吧！我爸爸正在做饭呢。爸爸，曾叔叔来了！"

"知道了，我马上过来，你先请曾叔叔坐下吧！"

"曾叔叔，请您过来这边坐，我去给您倒杯水！"

这时，岳岳的爸爸出来了，赶忙跟同事打招呼。

同事夸奖道："你家孩子很有礼貌啊，教育得真好！不像我家孩子，见人都不说话。"

岳岳听了，谦虚地说："谢谢曾叔叔夸奖，这都是我应该做的，我要做一个有礼貌的孩子。"

**父母要知道**

　　客人来访是一个锻炼孩子口才的好机会。在每次客人来访的时候，让孩子参与招待客人，帮忙倒茶水或者拿东西给客人吃，有助于让孩子慢慢地融入社交场合中。不过，需要注意的是，孩子待客的表现如何与日常生活中父母的熏陶和引导是分不开的。父母除了教孩子待客的礼仪和技巧之外，更多的是要在平时下功夫。

**培养好口才这样做**

　　口才好的孩子说话必定少不了温和谦逊的态度，就像案例中的岳岳在接待客人的时候那样，态度大方、有礼貌。然而，并不是所有的孩子都能够做到这样，实际上还有些孩子要么过于热情，要么过于冷漠。那么，对于这样的孩子该如何引导呢？以下几个方法值得我们借鉴：

　　1. 消除孩子的害怕心理

　　对于在客人面前表现胆怯的孩子，父母不能一味地责怪，而应该多鼓励孩子与客人接触。例如，一起玩玩小游戏，或者一起看看动画片，利用孩子的兴趣点消除其害怕的心理。此外，平时可以让孩子多与小伙伴们接触，以增加孩子的自信心，让孩子变得更加外向。

## 2. 教孩子说礼貌语和交流技巧

过于热情的孩子，通常不知道如何礼貌地说话，这就需要父母告诉孩子什么是礼貌用语，什么话不能乱说。相反，胆怯的孩子见客人时往往不敢开口，找不到话题。这个时候，父母可以教他们一些技巧，比如，说最基本的日常用语，聊聊自己的学校、爱看的节目等。

🎤 **口才训练课**

父母需要为孩子提供教育情境，只有不断地练习，孩子才能学会热情待客。因此，不妨邀请孩子的小伙伴来一次真实的演练吧！

**你需要：**

准备一些零食，如水果、饼干等。

**怎么做：**

1. 让孩子邀请小伙伴来家里做客，进行一次家庭宴会。

2. 告诉孩子迎接小伙伴的一些礼貌用语，如"欢迎来做客，里面请"。如何介绍各位小伙伴，可以参考上一章的介绍他人的内容。

3. 宴会时，如果有比较复杂的场景出现，可以适当地协助孩子。

**写下孩子的表现：**

_____

_____

## 接打电话，表达清晰很重要

　　电话已经成了现代人进行交流和沟通必不可少的工具，孩子接打电话也成了普遍现象。然而，毕竟孩子年龄小，通常是刚接触，或者使用电话较少，所以在接打电话时往往意思表达不清楚。因此，父母必须注重对孩子这一方面的培养，因为能通畅地接打电话不仅是日常沟通的需要，还是练就孩子未来社交场合好口才的基础。

真实场景秀

　　暑假的时候，爸爸妈妈带着彤彤去上海迪士尼乐园玩，一天下来，彤彤玩得可开心了。

　　晚上回到家，同学小泽打来电话："彤彤，听说你去迪士尼玩了，怎么样，那里好玩吗？"

　　"可好玩了，你不知道，迪士尼乐园有多漂亮、多刺激！"彤彤用极其兴奋的语调说，"我在里面看见了好多动画片里的人物，有米老鼠、唐老鸭，还有小熊维尼、灰姑娘等，哇，真是数都数不清！里面还有好多游乐场，各种各样的表演……我都不知道怎么跟你说了，总之，太好玩了！"

电话里的小泽听得一头雾水，说："彤彤，你说得太快了，可不可以详细地跟我说说每个游乐项目的情况。"

彤彤愣了一下，突然不知道从哪里说起了。

小泽催促说："彤彤，你怎么不说话了？"

彤彤有些失落地说："电话里可能讲不清楚，我们还是有时间坐在一起聊吧！"然后就把电话挂断了。

**父母要知道**

　　接打电话是锻炼孩子口才的一个有效方法。与面对面地交流一样，电话交流同样需要一个良好的语言环境，要多说、多练。由于孩子年龄小，见识的场面有限，在听到电话铃响时，难免会产生胆怯心理，往往不会主动接电话，即便接了也可能说话结巴、表达不清晰。对此，父母不能责备，而要逐步进行引导。

**培养好口才这样做**

　　当下，虽然孩子在两三岁时就开始接触电话，但这并不意味着孩子能无师自通地掌握接打电话的要领。实际上，大多数孩子在这方面的表现并不理想。因此，父母教给孩子相关的通话技巧对其口才的提升有莫大的帮助，具体可以从以下几点做起：

## 1. 先说"您好"，再自报家门

电话铃声响起时，最好响两三声之后再接听。一定要用礼貌语，如"您好""请问"等向对方表示问候，而不能说"喂，喂""你找谁啊"等用语。接下来就是自报家门，这一方面有助于对方判断自己是否拨对了电话，另一方面也能给对方一个心理适应的时间。

## 2. 温柔、婉转地询问对方

接打电话后，需要确认对方是不是自己要找的人，或者打来电话的人是谁。不管是出于哪个目的，询问一定要温柔、婉转，比如孩子可以这样说："您好！请问您是哪位？"如果孩子一时想不起来对方是谁，不能步步追问，否则会显得很不礼貌，而应该在交谈中慢慢回忆。

## 3. 说话要清晰、简洁明了

接打电话的时间要恰到好处。时间过长，在很大程度上意味着你的表述啰唆、混乱，而且容易导致对方失去耐心。因此，要注意引导孩子在通话中说话有序、简洁明了。这就要求通话时要按事情发展的顺序进行描述，重点的内容重点讲，次要的内容说个大概就可以。

### 口才训练课

在日常生活中，我们可以通过打电话游戏来培养孩子的沟通技巧，不过要注意让孩子保持良好的姿态，因为接打电话时通过声音可以判断彼此的举止行为。

**你需要：**

准备两部玩具电话和一段场景对话。

**怎么做：**

1. 和孩子模拟打电话，看看孩子是如何接打电话的。

2. 观察孩子身旁是否准备了记录的笔和纸，并记下所听到的内容；接听电话时是否说"您好"等礼貌用语；是否听明白了对方所表达的意思；说话是否清晰、有条理；等等。

3. 训练时，对于年龄小的孩子可以先设置场景对话，然后再让孩子自由发挥；对于年龄大一些的孩子可以直接让孩子自由发挥。

**写下孩子的表现：**

_____

_____

_____

# 遇到陌生人搭话，保持警觉，礼貌回应

　　父母教育孩子，要提高防范意识，不要轻易和陌生人说话，从安全角度考虑，这是非常有必要的。但是，如果一味地禁止孩子和陌生人交流，将不利于他们的人际交往。因此，正确的方法应该是在保证安全的前提下，尽量教导孩子掌握与陌生人接触、交流的方法。

## 真实场景秀

　　刘盈是小学一年级的学生，平时很热情，很乐于帮助他人。

　　周末，刘盈和妈妈去商店购物，当妈妈在柜台结账的时候，刘盈独自先跑了出来，站在店门口等着。

　　这时，一位阿姨走了过来，问："小姑娘，你知道华都商场怎么走吗？"

　　刘盈赶忙说："阿姨，我知道怎么走，一直往前走，到了红绿灯往右拐就到了。"

　　"谢谢你，咦，怎么就你一个人站在这里啊？你家离这里不远吧！"阿姨有些疑惑地问。

刘盈解释说："我在等我妈妈，我家就住在花园广场……"

这时，妈妈刚好结完账出来，见到女儿正和陌生人交谈，还要说家里的地址，赶忙制止："走，回家去。"

走了一段路，盈盈妈妈责备道："我不是跟你说了，跟陌生人说话的时候要注意，尤其不能透露自己家里的地址，你难道忘了？要是遇上坏人怎么办？"

　　当下很多父母都提倡孩子不要轻易跟陌生人说话，就连有的学校也这么规定，这确实能够对孩子的安全起到一定的预防作用。就如案例中刘盈的妈妈及时制止女儿说出自己的家庭住址，对孩子的信息可以起到很好的保护作用。但社会终究是复杂的，孩子迟早要独立面对陌生的一切，如果一味地让孩子逃离，将来在和陌生人交流的时候是要吃亏的。与其如此，不如从小培养孩子与陌生人打交道的技能，让孩子在实践中成长。

## 培养好口才这样做

　　让孩子与陌生人打交道是有必要的，但一定要注意方式、方法。通常来说，为了确保孩子的安全，父母应该引导孩子在遇见陌生人搭话的时候，在表达上注意做到以下几点。

### 1. 礼貌用语，保持警惕

　　当遇到陌生人搭话时，首先要礼貌对待，说声："您好，请问有什么事吗？"同时要保持警惕，不被陌生人的谎言和诱惑欺骗，比如陌生人给一些糖果、玩具时千万不能接受，可以礼貌地说一句："谢谢，但爸爸妈妈不让我拿别人的东西。"如果感觉不对劲，就说"不好意思，我有急事要走了"，及时脱身离开。

## 2. 交流点到为止，不可详细攀谈

在遇到陌生人搭话的时候，说一些问好之类的话或是提供简单的如指路之类的帮助是没有问题的。千万不要和陌生人深谈，尤其是说一些个人的信息。比如案例中的刘盈说出自己家庭的地址，就很容易给坏人以可乘之机。

## 3. 表达时要镇定，不跟陌生人走

对于怕生、不愿跟陌生人交往的孩子，父母要多进行鼓励，比如引导他跟陌生人做游戏、聊天等。尤其是父母不在场时，孩子遇到陌生人问话也要镇定地回答，不要受陌生人给的好吃的、好玩的东西的诱惑，坚决不跟陌生人走，当受到陌生人侵害时，要大胆地说不，大胆求救。

### 🎤 口才训练课

教孩子如何应对陌生人搭话最好的方式之一就是角色扮演，即父母扮演陌生人与孩子进行交流，让孩子在模拟环境下学会正确的应对方法，也可以把角色反过来。

**你需要：**

准备玩具、果冻、巧克力。

**怎么做：**

1. 讲述一个故事：

晓丽在门前玩耍，这时一位陌生的叔叔问她商店怎么走，晓丽很礼貌地告诉了叔叔并得到叔叔的称赞。妈妈知道这件事以后，说："晓丽，你做得对！不过需要注意一些问题。"

2. 与孩子进行讨论：晓丽做得对吗？妈妈会对晓丽说什么？

3. 按以下场景描述，和孩子依次进行情景扮演游戏。

A. 陌生人邀请孩子跟他一起走。

B. 陌生人硬拉孩子跟他走。

C. 陌生人递给孩子玩具、果冻、巧克力。

D. 陌生人提出去孩子家做客。

写下孩子的表现：

_____

_____

_____

# 学会道歉，让孩子这么说

在日常生活中，由于孩子心直口快的个性，说错话、做错事是很正常的。但偏偏很多孩子性格倔强，不愿承认自己是错的，即便认识到错误，也不知道如何真诚地道歉。因此，让孩子学会道歉，既是塑造好品质的体现，也是训练口才的必修课。

## 真实场景秀

逸轩和子豪是同桌，经常彼此互借东西。有一次，逸轩的写字笔没墨了，就向子豪借钢笔用。

子豪很爽快地答应了，说："这可是过生日时我爷爷送的，你用的时候要小心一点儿。"

逸轩连忙说："好的，我会小心的。"

整节课下来，逸轩很小心地拿放子豪的钢笔，抄完老师写的板报就把笔放在了桌子上，这时下课铃响了，同学们都站起来向老师说再见。逸轩站起来的时候膝盖不小心撞到了桌子，桌子一斜，钢笔就掉在了地上。

逸轩的心里咯噔了一下，发现钢笔尖被摔破了。子豪看着逸轩，没有说话。

逸轩马上对子豪说："对不起，我没有把钢笔放好，我知道说什么都没有用了，我回去让我妈妈买一支最好的钢笔送给你。"

子豪只是看看逸轩，也没有说什么，因为说几句话并不能消除他心里的难过。

第二天，逸轩早早地把新买来的钢笔放在了子豪的桌子上，并写了一张纸条："子豪，再一次向你说声对不起，希望这支钢笔能减少你一点点儿的难过。"

子豪看着桌子上的钢笔，感受到了逸轩的诚意，说："这次就原谅你了！"

**父母要知道**

诚恳的道歉不但能够弥补破裂的关系，还可以增进友谊。案例中的逸轩因为摔坏了同桌的钢笔，通过真诚的道歉，用行动表达了自己的歉意，最终获得了同桌的原谅。也就是说，孩子只有学会承认错误，善于表达自己的歉意，才能在社交场合获得他人的谅解和尊重。

**培养好口才这样做**

道歉并不是说一句"对不起"这么简单，对于受伤害的一方来说，本来心情就很不好，如果对方的道歉没有一点儿诚意或是起不到安慰的作用，甚至起了相反的作用，那么这样的道歉就是雪上加霜。因此，父母应教给孩子一些道歉技巧：

**1. 道歉要及时、真诚**

意识到自己的过错之后，要立即道歉，而且要怀着真诚的心意，坦诚但不谦卑，目光友好地凝视对方。即使的确有非解释不可的客观原因，也最好在诚恳道歉之后略微解释，而不能一开口就辩解不休，否则只会让对方觉得你不真诚，从而加深彼此的隔阂。

**2. 语气温和，用词要恰当**

道歉的时候，语气一定要温和，语言要尽量简洁，多用"对不起""多指教""多包涵"等礼貌用语，表明自己的歉意。对方如果谅解了，就不要再重复、唠叨了。

**3. 难以言说时借用其他方式**

很多时候，孩子对自己说错的话、做错的事，认起错来可能难以启齿，这个时候不妨采用一些其他的方法，比如，将自己的歉意用书面的形式传递给对方，或是送给对方一份礼物以表歉意，或是让第三方为自己传达歉意等。

**4. 口吻不宜咄咄逼人**

道歉的目的是获得他人的原谅，但是很多时候对方的原谅并不是立即送达的，可能需要一段时间的调整。所以，在向他人道歉的时候，不能总是以强硬的口吻说："我不是已经向你道歉了吗？"这样逼迫对方原谅自己，对方反而不肯原谅你。你需要做的就是说到做到，至于对方是否立即谅解，要顺其自然。

让孩子学会向他人道歉，不仅考验孩子的心胸和勇气，更考验孩子的口才技巧。也就是说，有了承认错误的决心和道歉的勇气，如何说出来是关键。为了培养孩子道歉的能力，父母可以通过以下模拟情景来训练孩子。

**你需要：**

设想各种道歉的场景，让孩子说一说。

**怎么做：**

1. 在家里打扫卫生的时候，不小心把爸爸的杯子打碎了，如何道歉？

2. 下课的时候，撞倒了同学的桌子，把同学的铅笔摔断了，怎么对同学说？

3. 与同学约好周六早上去图书馆，却起晚了，最后迟到了半个小时，这时该怎么向同学解释？

**写下孩子的表现：**

_____

_____

_____

## 多说赞美的话，好口才让他人敞开心扉

赞美之于人心，如阳光之于万物，每个人都希望听到赞美的话。在社交场合中，懂得恰当地应用赞美，能够加强和润滑人际关系，起到"良言一句三冬暖"的效果。同样的，孩子如果懂得赞美他人，不仅会获得父母、老师的喜爱，还能够结交更多的小伙伴，对孩子的健康成长有着重要的影响。

### 真实场景秀

诗雨是个性格内向的孩子，各方面的成绩和表现一般，无论是在家里还是在学校，都表现得比较安静，话不多。

因为性格原因，和她玩的同学也就几个，老师也不怎么关注她。为此，很长一段时间内，诗雨都有种被冷落的感觉。

这种情况被好朋友夏菁发现了，夏菁打算开导一下诗雨。

有一天，夏菁来到诗雨家找她出去玩。这个时候，正巧诗雨在写生字，夏菁看了一眼，惊讶地说："哇，你的字写得真好看！"

诗雨平淡地说："别安慰我了，我的字哪里好了。"

夏菁抢过笔，写了几个字，说："你看我写的，现在知道你的字好在哪里了吧！"

　　诗雨扑哧一声笑了，只见几个字歪歪扭扭地躺在纸上。

　　夏菁打趣地说："你还嘲笑我，以前听同学说你的字写得好，我还不相信，今天算是见识了，看来我要拜你为师了。"

　　诗雨赶忙说："不敢，不敢，对了，你今天来找我有什么事？"

　　"最近见你心情不好，所以找你出去散散心啊！不过，现在看起来挺好的呀！"夏菁关怀又调皮地说。

　　诗雨被这么一逗，心情顿时好多了，说："唉，其实也没什么，我们出去开心一下吧！"

　　就这样，在夏菁的赞美中，诗雨渐渐地认识到了每个人都会有自己的优缺点，变得更加开朗和乐于交流。

赞美犹如温暖的火光，能驱散人们内心的寒冷；一句称赞的话，犹如一股清泉滋润着人们的心田。赞美蕴含着巨大的能量，它是语言沟通和交流中的万能钥匙。就如案例中的诗雨一样，如果没有好朋友夏箐的赞美，她很可能还陷在自卑的泥潭中。由此可见，让孩子学会赞美他人，既是帮助别人，也是帮助自己。

### 培养好口才这样做

有的孩子说："赞美不就是夸人吗？我会！"可是，你的赞美是让对方接受了，敞开了心扉，还是让对方一笑而过、无动于衷呢？事实上，真正的赞美并不是一件容易的事，赞美如果不能审时度势，掌握一定的技巧，即便是真诚的，也会好心办坏事。通常，在引导孩子学习赞美他人时要注意以下几点：

### 1. 赞美一定要实事求是

赞美他人应当实事求是，这就要求将赞美建立在客观事实的基础上。在语言上要平实一些，不能一味地吹嘘。比如，同学的学习成绩明明很差，你却对他说"你的学习成绩真好，知识量称得上学富五车了"，对方一定会认为你是在讽刺他，从而产生怨恨，中断交流。

## 2. 恰当的措辞，准确的表述

在真诚的基础上，赞美的措辞也应恰当，不要油嘴滑舌。比如赞美他人学习好，可以说："你的成绩这么好，离不开你每天刻苦用功地读书，真值得我学习。"这就很有分寸。而如果你说："老天真不公平，给了你一个高智商，让你的成绩这么好。"对方可能就不高兴了。可见，赞美之词要说得恰到好处才行。

## 3. 丰富自己的词汇

孩子在赞美他人的时候，有时会找不到准确的词汇进行描述。这就需要父母引导孩子平时多看书，丰富自己的知识，积累词汇，培养对事物的独到见解。这样，在赞美他人的时候，用词才能恰到好处，而不是人云亦云。如果实在词穷，也可以适当地说大实话，比如"这句话你写得真好，我已经想不出更好的写法了"。

### 🎤 口才训练课 ••••••••

虽然说赞美他人要有一说一，有二说二，但如果能够在语言上描述得稍微形象生动一些，起到的效果就会大不一样。父母可以通过日常的一些训练来提升孩子赞美之词的水准，比如对某事物进行赞美式的描述。

**你需要：**

准备一个赞美的主题，比如一幅画。

**怎么做：**

1. 让孩子对这幅画进行赞美式的描述。比如：

孩子："这幅画画得真好！"

妈妈引导说："这幅画画得真好！我特别喜欢这棵大树，你看，叶子画得多好啊，我都能感觉到它们在风中摇曳的样子！……"

2.再让孩子描述一下"最近你表现得不错"这个主题，看孩子会怎么说。

写下孩子的表现：

_____

_____

_____

第六章

▼

## 会说也要会听，表达才会更出色

▼

在交谈的过程中，有些孩子一味地急着表达自己，却很不耐烦听别人说话，这是不可取的。因为倾听是孩子感知语言、理解语言、学习语言不可或缺的一种行为能力，孩子只有善于倾听，才能懂得对方所传达的意思，从而更好地进行回应，让人际沟通变得更顺畅。

## 快乐沟通，让孩子从倾听开始

在社交场合中，倾听是一种能力，也是对他人的一种尊重。只有让孩子学会倾听，才能帮助孩子提高思考与表达的能力。很多孩子特别能说，可是令他们烦恼的是，越能说，朋友反而越少，为什么会这样呢？其实，根本原因就在于他们没有学会倾听。因此，培养孩子专心倾听的能力，是儿童口才训练中必不可少的一课。

### 真实场景秀

刘欣是一个非常活跃的孩子，无论和谁聊天，总是有说不完的话。

每次上课，刘欣都很积极地举手回答问题，特别是在上公开课的时候，每当没人举手时，他总是第一个举手，带动起课堂的气氛，缓解了不少尴尬。为此，他很受老师的喜爱。

不仅课堂上如此，平时和同学们讨论、交流，几乎都是刘欣一个人在说，而且即便有人想发表意见，也总是被他打断。

同学们对刘欣的这种习惯很头疼，每次都希望他快点结束。可是，刘欣却没有觉得不妥，依旧意犹未尽地讲着。

时间长了，同学们都渐渐地远离他，不再和他说话。刘欣的朋友就这样慢慢地变少了。

**父母要知道**

一个善于交谈的人，一定是善于聆听对方话语的人。相反，一个只顾着讲个没完的人，一定是不懂交谈技巧的人。这样的人往往比较自我，不考虑他人的感受，把滔滔不绝地讲话当作一种乐趣，甚至当作一种骄傲的资本。然而，这样的表现往往只会招来他人的厌烦，这种快乐是短暂的。因此，父母应该引导孩子认识到快乐的沟通要从倾听开始。

**培养好口才这样做**

如果你问孩子"口才是什么"，得到的答案大多数是"会说"，在孩子看来，能说会道就代表一个人的口才好。其实，口才好还体现在懂得倾听，父母必须引导孩子认识到倾听的重要性。

1. 倾听有利于增长见识

中国有句老话："听君一席话，胜读十年书。"倾听是一个吸收的过程，让孩子学会倾听，就是让孩子学会包容。只有敞开胸怀，才能更好地吸取别人的经验。因此，善于倾听的孩子更能增长见识。

## 2. 倾听让沟通更加顺畅

社交场合就是一个你说我听、我说你听的地方，彼此倾听、彼此欣赏才有利于沟通的顺利进行。如果只是单方面夸夸其谈，那就成了演讲了。对方不是听众，自然没有耐心听你一个人说，如此，沟通就会变得不融洽，双方甚至不欢而散。

 口才训练课

"听"的能力和"说"的能力是互相影响的。如果你的孩子很能"说"，不妨通过一些训练看看孩子在"听"的方面表现如何。

**你需要：**

准备一段故事或是一系列问题。

**怎么做：**

1. 复述训练：给孩子讲一段故事，要求孩子在听过若干遍之后进行复述，并鼓励他在最短的时间内完整地复述故事。

2. 听问训练：要求孩子学会倾听问题和要求。比如，向孩子提出一系列问题，之后让他进行复述，以判断孩子是否认真倾听，培养孩子倾听时的专注度。

**写下孩子的表现：**

_____

_____

_____

# 善于倾听，才能理解他人的言外之意

在日常交流中，尤其是在社交场合中，倾听是非常重要的。有国外学者研究统计，在日常的交流中，听占了45%，而说只占了30%，读占了16%，写占了9%。因此，让孩子学会倾听要比单纯教孩子说更重要，善于倾听才能理解别人的意思。

## 真实场景秀

王怡上小学三年级了，性格豪爽，话特别多。每次和同学交流的时候，对别人的话总是后知后觉。

有一次，王怡带了一些零食来学校吃，有辣条、薯片和樱桃。

王怡给了同桌张艳一些辣条和薯片，对自己最喜欢吃的樱桃则舍不得给。

张艳很小就听说樱桃好吃，但一直没吃过，想尝尝樱桃是什么味道。可是又不好意思找王怡要，于是说："你的零食真多啊，辣条和薯片属于垃圾食品，吃多了可不好，还是吃水果比较健康。"

王怡说："好吃就可以了啊，管它健不健康呢！"

张艳有些失望地说："说的也是，真羡慕你，我爸爸妈妈都不舍得买贵的零食给我吃，甚至好多水果我都没吃过呢。"

王怡有些惊讶地说："不会吧，你爸爸妈妈对你这么不好啊，我想吃什么我爸爸妈妈都会给我买。"

张艳听了王怡的话，就没再说下去。

**父母要知道**

在日常交流中，很多时候我们碍于面子，有些话会说得比较隐晦，也就是话中有话。其实，孩子之间也经常隐晦地表达自己的意思。就如案例中的张艳一样，隐晦地表达了希望王怡能把樱桃给她尝尝，然而王怡却完全没有领会到她的言外之意。可见，如果不用心倾听对方的话语，交流中就会产生隔阂。

**培养好口才这样做**

如果说"说者无心，听者有意"是倾听者太多心，那么，"说者有心，听者无意"就是倾听者"太不聪明"了。而事实上，有很多孩子都"太不聪明"，对此，父母可以从以下几个方面进行引导，帮助孩子更好地倾听他人言语中的意思。

1. **营造良好的倾听环境和氛围**

安静的环境有利于孩子更好地倾听。比如，在家里与孩子交流时最好关掉电视、收音机等；如果交流使孩子特别兴奋，则可以给孩子几分钟的调节时间，让孩子安静下来。此外，倾听的时候，告诉孩子要看着对方的眼睛，因为眼睛是心灵的窗户，通过眼睛可以更好地理解对方的意思。

### 2. 引导孩子揣摩对方的语言

在日常交流中，对方可能会因为不方便直接表露自己的意思，或是为了给你一定的面子，而把话说得比较含糊，但是倾听者可不能含糊。比如，作文课上老师对写得差的同学可能会这样说："这篇文章议论得很深奥啊，如果鲁迅先生在，估计他也看不懂。"

如果对这样的话，孩子没听懂，就应该好好地揣摩了。一旦孩子听懂了，就会明白这是老师在给自己台阶下，不仅会感谢老师，还会更加努力地学习。

### 3. 耐心和用心地倾听

孩子听不懂他人说的话，一方面是缺乏耐心，在倾听的过程中，东张西望，动手动脚，总希望别人快些讲完，自然就听不明白了；另一方面就是不够用心，比如有些孩子倾听时很有耐心，但其实是人在心不在，经常走神，等回过神来别人已经讲完了。所以，孩子在倾听他人讲话时不仅要有耐心，更要用心。

口才训练课

很多父母为孩子不善于倾听而苦恼，那么，不妨来做一个倾听的测试吧，检验一下孩子是否真的不善于倾听。如果孩子能快速地答对，就说明倾听能力强；反之，如果孩子回答得慢或是不能全部回答正确，就说明倾听能力弱。

**你需要：**

纸和笔，让孩子写下测试的答案。

**怎么做：**

让孩子倾听以下几道题目。

1. 在英语单词Banana（香蕉）、Pear（梨）、Orange（橘子）、Watermelon（西瓜）、Pumelo（柚子）中，哪几个单词中含有字母"P"？

2. 只要你做完暑假作业，隔天就会带你去游乐场玩，如果你周四做完了，那么周五就可以去玩了吗？

3. 有一辆公交车，车上有4个人。到了一站，上了2人，下了3个人；又到了另外一站，上了3个人，下了2个人。车上现在有几个人？

测试完后，让孩子把答案写在纸上，看看孩子是否都答对了。

**写下孩子的表现：**

_____

_____

_____

# 引导孩子倾听时做适当的反应

　　交流是一个互动的过程，如果说话者饶有兴趣地讲，倾听者却无动于衷，这样的交流势必不能长久。倾听者看起来只是交流过程中的配角，但其实内心一样是主动的，主动地听，主动地反应。如果没有一点儿反应，说话者就会感到没有意思，从而停止讲话。所以，父母要引导孩子在倾听时给予对方适当的回应，以便交流能继续进行。

　　周末，妈妈带着心妍去动物园玩，一天下来，她玩得很兴奋。

　　上学第一天，心妍就迫不及待地要和好朋友茹茹分享自己看见的各种动物，于是说："茹茹，我周末去了动物园，那里可好玩了，我给你讲讲吧！"

　　正在看漫画书的茹茹随口应了一声。

　　于是，心妍就开始讲了："动物园很大很大，我们首先看的是猴子，它们上蹿下跳的，很灵活，有的在吃果子，有的在树上荡秋千，还有的在挠痒，可爱极了。"

茹茹只是轻轻地"嗯"了一声。

心妍接着讲起来："看完猴子，我们又去了另一个地方，我看见一只浑身黑黑的大家伙，双脚站立，像人一样大摇大摆地走着，好威风啊，你知道这是什么动物吗？"

茹茹从书中回过神来，说："刚才你问的什么？"

心妍一下子没了兴趣，不高兴地说："没什么，我准备上课了。"

**父母要知道**

倾听时做出一定的回应，既是对说话者的一种尊重，也是让交流愉快进行的保证。如果像案例中的茹茹一样，心不在焉地听心妍讲话，就会让对方失去继续讲下去的兴趣，甚至影响彼此的关系。当然，在倾听时做出的反应要恰当，注意不能挑对方的毛病，或是做出过于夸张的反应，这样也容易让对方结束讲话。孩子只有明白了这些道理，才能在社交中获得成功。

**培养好口才这样做**

倾听时的反应是必不可少的，但怎样的反应才恰到好处，这是很多孩子都把握不好的。因此，父母有必要对孩子倾听时的反应加以引导，具体可以从以下几个方面来进行。

**1. 及时给予肯定**

在倾听的时候，如果讲话者的观点很正确，就要及时给予肯定，可以点头表示赞同，也可以说"嗯，是的"这样简单的语句。当对方得到认可和称赞后，就会更加有兴趣地讲下去，同样，孩子在对方的心中也会被认可，甚至引发好感。

2. 在适当的时机下提问

在交流的过程中，如果一直让对方讲下去，对方肯定会觉得累。这个时候，可以让孩子通过恰当的提问来互动，以活跃气氛，避免冷场。但要注意的是，提问不可过于随意或刁难，最好提能够引起对方畅所欲言的问题，比如"这当中发生了什么事"等。

3. 肢体语言也是很好的反应

在倾听的时候，除了用嘴巴说之外，还可以充分地运用肢体动作来表示自己的回应。比如，全神贯注地看着对方，以示自己的专注；对方讲到开心的事情时，可以微笑回应；等等。恰当的肢体动作同样可以起到语言的功效，让对方获得回应的信息。

口才训练课

对孩子在交流中不用心倾听的情况，父母不必过于指责，而要耐心地引导。可以在平时多进行一些训练，以提升孩子倾听的能力。

**你需要：**

准备纸和笔。

**怎么做：**

1. 让孩子安静地坐好，听父母从1数到30。在数数的过程中，数字1~10之间漏掉一个数字，11~20之间漏掉一个数字，21~30之间漏掉一个数字。

2. 当漏掉数字的时候，看看孩子有什么反应，并让孩子写出漏掉的数字。

3. 根据孩子的反应，逐渐增加到在1~30之间漏4~5个数字，也可以倒着数，看看孩子能否听出来。

**写下孩子的表现：**

_____

_____

_____

## 交流时不要乱插嘴，先听别人说

很多时候，我们会发现孩子很喜欢插嘴，而且你越阻止他，他似乎越来劲，这让很多父母感到很头疼。尤其是家里来客人的时候，或是父母正在和他人商量重要事情的时候，孩子总是来"捣乱"。其实，有这些表现的孩子不但经常干扰他人的交流，而且自己在交流时也经常打断对方的话，不懂得倾听，这种乱插嘴的坏习惯对孩子今后的社交是非常不利的，必须及时进行纠正。

### 真实场景秀

许莹是一个能说会道的女孩子，机智聪明，反应灵敏，但是她有一个很不好的缺点就是特别爱插嘴，这让父母和老师都感到头疼。

有一次，爸爸妈妈正在谈论股市，许莹插话说："股票啊，我知道，现在是牛市，正是买入的好时机。"

爸爸妈妈一听许莹的回答，哈哈大笑道："你懂什么？"接着又继续交谈下去，可没聊几句，许莹又插嘴了："不要犹豫了，要赶紧行动啊！"

119

爸爸妈妈说："你去玩你的，买不买入，我们细谈之后再做决定。"就这样，在整个讨论中，许莹时不时地就插一嘴，最后在爸爸妈妈的训斥下才停住嘴。

不仅在家里如此，在学校许莹也经常打断老师的话。有一次，上课的时候老师刚提了一个问题，还没叫同学回答，许莹就接过问题叽里呱啦地讲个不停。

讲完后，老师只好夸奖她说得好。没想到，许莹得到称赞之后，更加得意扬扬，在之后的整堂课中，时不时地就插上一嘴。次数多了，老师也开始厌烦了。

最后，老师只好把她叫到办公室，对她进行了委婉的劝说。

### 父母要知道

大多数时候，孩子插嘴是为了表达自己的意见，只是他还不明白随意打断别人说话是不礼貌的行为，父母要引导孩子掌握恰当的说话时机，而不能一概制止。也有的孩子插嘴是为了引起大人的注意，尤其是在大人谈话很热烈的时候，孩子插嘴只是为了找到存在感。所以，针对孩子插嘴的行为，要辩证地看待，正确地引导。

### 培养好口才这样做

孩子爱插嘴，是一种正常的心理现象。因为孩子天性活泼、好奇心强，对自己以外的任何事情都感兴趣，当遇到自己感兴趣的话题时就会情不自禁地说起来，根本不考虑这样做是否恰当。那么，如何改变孩子的这种习惯呢？以下几个方面值得父母们借鉴：

## 1. 告诉孩子乱插嘴是坏习惯

乱插嘴的孩子大都急于表达自己的观点，这表明孩子能说。但是，能说并不代表会说。父母要让孩子意识到，乱插嘴是很不礼貌的，是很容易遭到他人反感的，真正口才好的人知道什么时候该听，什么时候该说，从观念上改变孩子对乱插嘴的认识。

## 2. 以身作则引导孩子

父母要给孩子做出表率，不要随意打断别人的话，与孩子说话时，也不要随意打断孩子的话，如果不小心打断了，要向对方真诚道歉，给孩子树立榜样。

3. 不要一味压制，在合适的时机让孩子说

插嘴并不是没有任何好处，它也是孩子语言表达的一部分。如果一味地压制，时间长了，孩子就会失去说话的欲望。因此，应该引导孩子在恰当的时机进行插话，以释放孩子的表达欲。

**口才训练课**

在日常交流中，孩子可能不知道说话时被他人打断时的感受。因此，父母不妨让孩子上台讲故事，爸爸妈妈则充当听众，并时不时地向孩子提出问题。

**你需要：**

针对孩子讲的故事提出一些问题。

**怎么做：**

1. 引导孩子上台讲故事，在讲故事的过程中，向孩子提出问题，比如"小猴子为什么不捡西瓜""小猴子会吃玉米吗"等。让孩子在受干扰的情况下完整地把故事讲完。

2. 当孩子讲完故事后，让孩子谈谈被打断的感受。

**写下孩子的表现：**

_____

_____

_____

## 倾听有层次，表达要精准

　　每个孩子的理解能力都是不同的，因此在倾听他人讲话、领悟对方话语中的意思时也存在差别。有的孩子可能没等对方把话说完便知道对方话中的意思，甚至只要通过表情举止就能明白对方要表达的意思；而有的孩子在对方多次重复话语后依旧不明白对方要表达的意见。为什么会出现这样的情况呢？其实这都是倾听层次决定的。

### 真实场景秀

　　小莫是一年级的学生，在一次春游活动中认识了几个高年级的同学。有时候他们会在一起玩，但总是话不投机。

　　有一次，下课后，那几个高年级的学生在操场上坐着聊天，小莫看见了就走了过去。只见这几个高年级的学生开心地聊着一部他们喜欢的动画片，正好小莫也看过，于是接话说："你们说的这部动画片我也看了，里面的人变形超酷，我超爱看。"

　　几个高年级的学生听后，默默相视了一眼，并没有回应小莫，又继续聊着。

小莫很无趣地站在旁边，继续听着。

不一会儿，这几个高年级的学生又聊起了一本小说，对人物刻画、情节设置进行讨论。

小莫一听小说，又来劲了，说："我也喜欢看小说，我觉得小说就要简单，有趣，太复杂了根本看不懂。"

几个高年级的学生对小莫的话都表示很无奈，其中一个说："你说得太幼稚了，不懂就不要乱插嘴，听着就好了。"

小莫只好不再说话了。

**父母要知道**

　　莎士比亚说："一千个读者眼中就会有一千个哈姆雷特。"其实，倾听很多时候也是如此，同样一句话，可能每个人领悟的都不一样。之所以如此，就在于倾听者属于不同的层次。案例中的小莫无法融入高年级同学的讲话中，就是因为层次不同，他不但倾听时无法领会对方所说的要点，而且回答时也不能说出对方想听的话。所以，当孩子听不懂的时候，可能并不是孩子的错，而是层次不同。

**培养好口才这样做**

　　倾听看似是一件很简单的事，其实整个过程是很复杂的。除了不同的人处在不同的层次外，倾听自身也是有层次的。想要让孩子听懂别人的话，一方面要提升孩子的知识水平以提高自身的层次，在这方面需要长期的积累；另一方面要掌握倾听时的三个层次，并不断深化孩子倾听的层次。

1. 第一个层次：心不在焉地听

这个层次的孩子，表面上看似在认真地听，但其实心里想着其他的事情。他们有可能听了，但听进去的不多，甚至一有机会就想插话。面对这样的孩子，父母应该培养他们倾听的兴趣，以及足够的耐心。

2. 第二个层次：肤浅的倾听

这个层次的孩子，倾听态度很认真，会对对方说的话表示认可，看起来好像听懂了。但其实只停留在字面意思上，对深层的意思并不理解。因此，父母要加强对孩子的文化知识教育，提升孩子的理解能力，告诉孩子一些倾听的技巧。

3. 第三个层次：深刻的倾听

这个层次的孩子，能够带着理解和尊重去倾听，对他人的讲话理解得很透彻，甚至会产生不同的看法，但他们不会立刻插话反驳对方，而是在恰当的时间做出反馈，或是提出自己的看法。一般处于这一层次的孩子表达能力上有很高的水准。

倾听很考验孩子的理解能力，很多时候孩子听不懂，可能是理解能力差。因此，父母有必要在平时对孩子的理解能力多加训练，多向孩子提出问题，以此来判断、锻炼孩子的理解能力。

**你需要：**

提出一些稍有难度的问题，让孩子说出答案。

**怎么做：**

1. 在空闲时间，向孩子提出一些问题，问题的难度可体现在表达方式委婉曲折或包含的知识较多上。

2. 问问孩子是否听懂了，可以根据孩子的年龄来选择问题的难易程度。

**写下孩子的表现：**

_____

_____

_____

# 第七章

## 把握主持技巧，让孩子的表达有声有色

　　每一个孩子都可以是天生的主持人，重要的在于父母如何培养。通过主持训练，能够有效地提高孩子的表达能力，让孩子敢于交流和大胆表达，并且说得规范、流畅。然而，要想做好主持，还必须提高孩子的自信心和应变能力，以及一定的主持技巧。

## 刺激表现欲，每个孩子都是天生的主持人

表现欲是人将自我价值在他人面前展示出来，以求得肯定的一种欲望。人的表现欲可以说是与生俱来的，尤其是在幼儿时期，孩子的表现欲十分强烈。比如，孩子学会了一首歌，就迫不及待地想唱给父母听。不过，随着年龄的增长，对于不懂或不会的事物，孩子会有所顾忌，变得不敢表现。因此，合理地刺激孩子的表现欲，才有利于孩子的口才发展。

**真实场景秀**

小敏是一个活泼可爱的孩子，3岁的时候，爸爸妈妈经常播放一些儿童节目给她看，小敏很入迷。无论是学会一段舞蹈还是一首歌曲，她都喜欢在爸爸妈妈的面前表演，甚至有时候在公园里也不自觉地表演起来。

可是，在小敏5岁的时候，每当爸爸妈妈让她在陌生的环境中上台时，她总是往后退，不愿上去。

有一次，学校组织活动，要选两位小朋友来做主持，小敏被老

师选中了。

回到家，小敏告诉爸爸妈妈自己不想去学校了。经过询问后，爸爸妈妈才得知小敏是因为害怕做主持而不愿去学校。

为此，爸爸妈妈很不解：为什么孩子现在会变得不爱表现了？

最终，爸爸妈妈只能无奈地让老师换别的同学做主持人。

## 父母要知道

表现欲是孩子自我发展的需要，也是孩子客观地认识自我价值、自我能力的需要。即孩子通过思考把对客观事物的认识通过表现反映出来，当孩子的表现行为获得了成功，就会收获快乐，从而增强孩子的自信心以及对自我的认可度。

此外，表现欲还能充分表露出孩子的个性，发展孩子的兴趣爱好，培养孩子活泼开朗、积极向上的性格。因此，注重刺激孩子的表现欲，不单单是为了提升孩子的主持口才，更是为了全方位提升孩子的素质。

## 培养好口才这样做

表现欲对孩子如此重要，但很多时候，父母并不能正确地认识这一问题。有些父母一味地打压孩子的表现欲，也有的父母对孩子缺乏表现欲无动于衷。其实，这两种态度都是不对的，父母必须改变自己的观念，从以下几个方面可以给孩子的表现欲以科学的刺激。

1. 为孩子创造表现的机会

在日常生活中，我们要善于发现、善于创造能够使孩子有"用武之地"的外部条件，组织形式多样的活动，比如，让孩子来主持家庭的生日宴会。不断地给孩子不同的表现机会，让孩子有"一席之地"，从而学会"一技之长"，这样，孩子才会拥有一个好口才。

2. 不要打压孩子的表现欲，要多给予鼓励

在生活中，当孩子的表现欲以某种方式表现出来的时候，父母要给予理解和适当的鼓励，而不能一味地压制，千万不能对孩子说"你不行""别再胡闹了"之类的话，这样只会打击孩子的积极性，让他变得不再喜欢说话和表现。

3. 及时纠正孩子的不良表现欲

孩子天生精力旺盛，喜斗好动，时常以大喊大叫的方式来吸引他人的注意力。尤其是有些孩子喜欢说一些不好的口头禅甚至脏话，而且总在他人面前说。对待孩子的这些不良表现，父母要及时进行纠正，一旦孩子将这些不良习惯带入人际交流中，其口才就会大打折扣。

🎤 口才训练课

孩子天生活泼好动，喜欢表现自己，但是大多数孩子仅限于在熟悉的环境中，一旦到了陌生环境中，就变得拘束起来。尤其是让孩子上台主持，他们往往会退缩。对此，父母可以让

孩子从朗诵开始，逐渐建立孩子的舞台感。

**你需要：**

准备一篇朗诵的短文和一个话筒。

**怎么做：**

1. 让孩子右手拿话筒，朗诵短文。

2. 朗诵时指导孩子，拿话筒的手尽量保持自然，不必一直僵硬着，左手可以配合着做一些手势。

**写下孩子的表现：**

_____

_____

_____

# 训练发音气息和吐字

　　主持很锻炼孩子的口才，要求孩子不但有敏捷的思维，而且要有良好的发音、吐字等语言功底。很多父母都希望自己的孩子能够上台做一名受人喜爱的主持人，却发现孩子说话时发音气息不均，吐字不清晰，这让父母们很着急。由此可见，想要做好主持，发音和吐字是必要的训练。

**真实场景秀**

　　璐璐是个性格开朗的孩子，无论是在家里还是在外面，都表现得很活跃，喜欢讲话。然而，让爸爸妈妈感到担忧的是，璐璐有时候讲话发音气息不均，有些字词吐字还不清晰。

　　有一次，爸爸上班很晚还没有回来，璐璐便问妈妈："妈妈，爸爸什么时候'飞'来？"

　　妈妈愣了一下才明白孩子说的是什么意思，于是纠正说："是回来，不是飞来。"

　　璐璐眨了眨眼睛，又重复念了几遍："回来，回来……"

不仅如此，璐璐说话的时候有时气息还会出现时急时缓，给人一种不平稳或是气息不足的感觉。

本来爸爸妈妈还想着让璐璐去学主持，可是见到璐璐的这种情况又犹豫了。后来在咨询了专业主持培训人员之后，才意识到璐璐的这种情况是可以改变的。

最终，爸爸妈妈决定让璐璐去学习主持培训，并在平时对璐璐的发音、吐字问题进行及时纠正。

## 父母要知道

气息是发声的基础，孩子年龄小，语言处于发育中，他们不善于控制气息，说话时会出现语流急促的现象。而在吐字方面，吐字器官一般包括唇、舌、牙齿和上颚等，这些器官活动时的位置和不同的着力部位决定了发音时出字、立字和归音的语音效果。如果孩子掌握不好技巧，吐字就会不清晰。

## 培养好口才这样做

好口才不是天生的，孩子在发音和吐字方面存在的问题，都可以通过后期的训练来纠正。所以，父母不必过于担心，只要在平时多注意对孩子的语言能力进行训练就好了。

### 1. 发音气息训练

一般来说，气息训练可以帮助孩子更好地感知气流的力度和变化，改善吐字发音中气流不畅的现象，更加科学地掌握发音的技巧和方法。有些家长会认为让孩子进行发音的呼吸练习很有难度，实际上，孩子们会很快掌握那些呼吸方法并迅速将其运用。我们可以采取一些"吹气"的游戏来加以训练，如吹泡泡，吹喇叭等。

### 2. 吐字训练

孩子吐字不清晰，主要原因是孩子没有掌握咬字的技巧。因此，只要加强对孩子咬字器官的训练，就可以明显改善孩子的口齿不清、吃字、倒字、丢音等现象，使孩子在发音过程中逐步达到字音清晰的发音效果。

在具体操作过程中，父母给孩子示范发音时可适当地夸张一些，尤其要让孩子感知到"归音"的嘴部动作。刚开始训练的时候，孩子可能会感到嘴巴、舌头很累，但只要引导孩子坚持下去，孩子就会慢慢变得习惯。

发音、吐字要清晰，离不开每天的坚持训练。因为语言的塑造是一个长期的过程，重在一个"练"字，父母可以通过以下训练来加强孩子的发音、吐字，进而提升其口才。

**你需要：**

准备一些不同颜色的墨汁和几张纸。

**怎么做：**

1. 把不同颜色的墨汁滴在纸上，让孩子用气吹画，以此来锻炼孩子的气息，并让孩子朗读："用笔画，能画画；用小嘴也能画画。不相信，瞧瞧看，我吹的画最奇妙。"

2. 进行一些吐字的训练。比如：双唇爆破训练，念"b、p、b、p"；舌发音部位感知训练，让孩子舌尖抵住上齿龈，用力顶住猛打开，念"d、t、d、t、d、t"；舌根用力抵软腭，阻住气流猛打开，念"k、k、k"；等等。

**写下孩子的表现：**

_____

_____

_____

## 开幕词，做好一个人的表演

如今，很多孩子在才艺方面选择学习主持表演，他们在学校举办的晚会或节目中展现自己的风采。有的孩子主持时的表现一般，而有的孩子主持时却拥有良好的舞台表现力，主持风格深受赞许。其实，这与孩子个人的口才好坏是分不开的。口才好的孩子，主持一开始，单是开幕词就能瞬间吸引观众，接下来的主持自然水到渠成。

### 真实场景秀

小兰从小就爱说话，尤其是看了主持节目之后，更是喜欢学着主持人说话。这一举动及时被爸爸妈妈发现了。

在爸爸妈妈有意识的培养之下，小兰的口才有了很大的提升，不仅得到了爸爸妈妈的认可，还得到了老师的赞赏。

有一次，儿童节快到了，学校要举办六一儿童节晚会。小兰被推荐为晚会的主持人之一。

小兰可高兴了，回到家，立即把这个好消息告诉了爸爸妈妈。

爸爸妈妈很为小兰感到高兴，于是对小兰说："这真是令人开心的事情，不过接下来你可要好好做准备哦！"

小兰是第一次正式主持。在训练的过程中，开幕词让小兰犯了难。

到底怎样才能说出精彩的开幕词呢？小兰想来想去还是没有结果，最终在爸爸妈妈的引导下说出这样的开幕词："六一是世界儿童的节日，是我们的节日。六一的花儿香、草儿绿。小朋友跳着欢快的舞蹈，唱着悦耳的歌曲！六一儿童节晚会，现在正式开始！"

就这样，小兰在爸爸妈妈的指导下，说出了精彩的开幕词，经过反复的朗读、背诵之后，在六一儿童节晚会上一展风采，赢得了师生们的赞誉。

通常来说，开幕词是在会议或活动开始时，由主持人介绍会议或活动的开幕讲话。它具有宣告性和引导性，是一个必不可少的程序，标志着会议或活动的正式开始。当然，孩子主持中的开幕词要简单很多，案例中的小兰，通过爸爸妈妈的指导和自己的努力，最终说出了精彩的开幕词。可见，让孩子参加主持方面的训练，也是提高口才的一个有效途径。

**培养好口才这样做**

想要说好开幕词，其实并不容易。这不仅考验孩子掌握的知识，更考验孩子的主持技巧。因此，要想开幕词说得好，需要父母在日常生活中多对孩子进行训练。

1. 写好开幕词

好的开幕词是有标准的：一是要简洁明了、短小精悍，多使用祈使句，表示祝贺和希望；二是要口语化，语言通俗易懂、朗朗上口；三是要有引导性，要阐述会议或活动为什么而举办；四是要有鼓动性，要能调动听众的积极性，活跃现场气氛。

2. 善用表情和手势

在开幕式上讲话时，不但要说得好，而且表情也要到位。比如，眼睛能够传递情感，而情感在心，用眼神和观众交流也是魅力的一种体现。此外，诸如微笑、手势也是增添主持魅力的要素，如果能在开幕讲话中适当地加以运用会更加精彩。

## 🎤 口才训练课

为了培养孩子的主持能力，可以以家庭为单位，让孩子上台扮演主持人。在训练的过程中，要尽量引导孩子放松，面带笑容走上台，面向正前方，稍停片刻，然后开始讲话。

**你需要：**

准备一张小卡片，一支签字笔。

**怎么做：**

1. 在小卡片上，写下开幕词："敬爱的老师们，亲爱的家长们，可爱的小朋友们，大家晚上好！六一儿童节晚会，现在正式开始！有请第一位小朋友×××闪亮登场！"

2. 让孩子上台说出开幕词，引导孩子注意语句间的停顿，以及富有感情地进行朗读。

**写下孩子的表现：**

_____

_____

_____

## 掌握语言表达的乐感，让主持更出色

　　在主持的过程中，即便是相同的内容，不同的人传达出来的效果也是不一样的。这就像唱同一首歌一样，专业歌手和普通人唱出来的感觉明显不一样。为什么音乐能够吸引我们的感官，让我们听得如痴如醉呢？主要是美妙的音符发挥了作用。其实，说话也是如此，如果能够巧妙地掌握表达时的乐感，便能给听众全新的感受。

### 真实场景秀

　　雅丽和黄灿是同班同学，两个人都比较喜欢语文，经常在一起学习。然而，他们在语言表达上却有着不同的表现。

　　有一次，雅丽和黄灿在一起朗读诗词。只见雅丽声情并茂、抑扬顿挫地读着："远看山有色，近听水无声。春去花还在，人来鸟不惊。"黄灿听了，有种身临其境的感觉。

　　然而，轮到黄灿读的时候，他却读得平平淡淡，对此，他很懊恼，雅丽听了也直摇头。

　　不仅朗读如此，在平常说话的时候也是这样。尤其是那次主持节目让黄灿记忆犹新，在整个主持的过程中，黄灿感到有心无力，说话的时候总是缺少激情，语言平淡，幸好有雅丽在一旁帮助化解。

也正是从那次以后，黄灿再也没有勇气上台主持节目了。而雅丽却恰恰相反，对主持越来越感兴趣。

## 父母要知道

并不是只有唱歌才会有乐感，我们平时说话也是充满乐感的。比如说拉长音叫"妈——妈"，就相当于乐谱上的"5——3"。一个善于表达的人说话是很有节奏的，即乐感，它主要由语速、音调、音量等因素构成。除此之外，节奏还包括了起伏、强弱等其他因素。也就是说，主持要吸引听众，就必须要有节奏、有快慢、有起伏、有轻重，形成了口语的乐感，才能使话语悦耳动听。

## 培养好口才这样做

主持要有乐感，说话要抑扬顿挫、声情并茂，这样才能打动听众。那么，具体该从哪些方面来引导孩子掌握这些技巧呢？以下几个方面值得我们借鉴：

### 1. 加强语音节奏的训练

控制好语音节奏，不仅相当于控制了语速，还能通过不同形式的语音节奏引导孩子感知语言的音韵美。因此，父母要有意识地开展各种语音节奏的训练，比如多朗读富于节奏感的文字，或是用唱儿歌、打拍子等多样化形式，让孩子学习和掌握对节奏的控制。

## 2. 训练声音的表现力

影响声音表现力的因素主要包括声音的高低、急缓、粗细、轻重等。通过对声音不同表现效果的感知，孩子能够逐渐增强对声音表现的兴趣和说话时的语言表现力。在平时阅读时，父母要多提醒孩子注意声音的不同表现力，以增强孩子的语言表现能力。

 **口才训练课**

音乐符号非常神奇，它能够让平淡的歌词变得令人陶醉。其实，说话也是可以产生乐感的。在日常生活中，不妨和孩子一起来玩玩给语言加点乐感的游戏。

**你需要：**

准备纸和笔。

**怎么做：**

1. 在纸上写出一段发言的讲话，并用符号标示出停顿或延长的乐感，如：

"我好——期待新学期啊！"

"妈——妈，我真——的很爱您！"

"真——的很感谢您！"

2. 引导孩子朗读，让孩子感受延长带来的语言乐感。读完后，再写一些停顿、声调等不同的话语，试着让孩子朗读，以检阅孩子的语言表达能力。

　　写下孩子的表现：

_____

_____

_____

## 谢幕前的华丽，闭幕词要积极向上

　　当整个节目接近尾声的时候，主持人就要说结束性的话了，即闭幕词。那么，什么是闭幕词呢？简单来说，就是会议或活动结束时，由有关领导或是主持人向观众做出的总结性的讲话，主要是对会议或活动进行概括性的总结、评价，并提出畅想或者祝愿等。一个精彩的闭幕词，不仅要写得好，还要讲得好。

### 真实场景秀

　　六一儿童节马上就要到了，牛牛急得像热锅上的蚂蚁，很心烦。

　　原来，学校要举办活动晚会，牛牛被选为主持人了。按理说，这应该是一件值得高兴的事，可偏偏牛牛的口才不好，这可太折磨人了。

　　爸爸妈妈看见牛牛整日愁眉苦脸的，就问儿子："宝贝，你最近心情可不好啊，有什么烦心事吗？"

　　牛牛丧气地说："最近，学校要举办六一晚会，要我主持呢！"

　　"哇，你要上台主持了，这是件大好事啊！"爸爸妈妈齐声说。

牛牛无力地说："我都烦死了，我根本就不会主持啊！前几天刚学了些开幕词，现在闭幕词还没有学习呢！真担心我会搞砸。"

"哦，原来是这样啊，为什么不寻求爸爸妈妈的帮助呢？这点小事，爸爸来帮你搞定。我可是新闻专业毕业的哦！"爸爸自信地说。

牛牛一下子就兴奋了起来。由于有爸爸的指导，他很快就学会了闭幕词的写法和演说技巧。

活动晚会那天，牛牛的表现得到了师生们的一致夸奖。从此，牛牛对主持的兴趣大增，梦想着要成为一名主持人。

## 父母要知道

真正的闭幕词可能要复杂得多，在引导孩子学习说闭幕词的过程中，我们要根据孩子的年龄阶段来选择内容，而不要让孩子学习一些比较成人化的内容。在训练的过程中，要注意娱乐与学习相结合，不必强求孩子一定要说得多好，在愉快的氛围中学习主持技巧才是最好的。当然，如果你的孩子正在走向专业化的主持之路，你就可以适当地要求严格一些。

## 培养好口才这样做

闭幕词与开幕词一样，是会议或活动必不可少的一项程序。说好闭幕词是孩子主持过程中非常重要的一个环节。我们可以这样来引导孩子：

### 1. 写好闭幕词

写好一个精彩的闭幕词是不容易的。首先，要针对会议或活动的内容，做简明扼要的综述，评价要恰当，并与开幕词前后呼应；其次，语言描述要富有感染力和号召力，真正起到促人奋进的作用，切忌空洞单调，篇幅宜短不宜长。

### 2. 高亢激昂，带动气氛

闭幕词不仅宣告着节目的结束，还要将节目推向高潮。因此，在说闭幕词的时候，一定要注意自己的情绪保持高亢激昂，以带动现场的气氛。当然，也不能过于夸张。

---

**🎤 口才训练课**

主持到最后的阶段，也就是在闭幕时，需要与观众进行交流，一边致闭幕词，一边向观众挥手。下面就来向大家演示一下，如何说好闭幕词。

**你需要：**

准备一张小卡片和彩色笔。

**怎么做：**

1. 用彩色笔在小卡片上写一段关于六一儿童节晚会的闭幕词，如下：

童年/是一首歌，跳跃着/欢快的音符，

童年/是一首诗，充满了/美好的幻想，

童年/是一支彩色笔，画出了/多彩的世界。

伴随着歌声与欢笑，我们的晚会/到此结束！

感谢在场的/叔叔阿姨们、辛勤的老师们、小朋友们，再见了！

2.引导孩子朗读以上开幕词时，要注意停顿，每句话最后用气息控制着不能往下掉，表现出激昂的情绪，将全场的气氛带入高潮。

写下孩子的表现：

_____

_____

_____

# 即兴演讲，练就孩子巧舌的大舞台

在日常生活中，有太多让孩子当众讲话的机会，想要练就孩子的好口才，自然少不了借助演讲这个舞台。教孩子演讲的技巧，让孩子在演讲中镇定自若、妙语连珠，从而不断提升孩子的口才，这是父母们的一门必修课。

# 告诉孩子，表情和眼神也是一种表达

美国心理学家艾帕尔说："人的感情表达由三个方面组成：55%的体态、38%的声调及7%的语气词。"由此可见体态在语言表达中的重要作用。表情和眼神作为体态语言的一部分，能够表现一个人对谈话的专注程度，而且能让对方感受到你的热情。在演讲时应用好表情和眼神，有助于增加你的说服力。

## 真实场景秀

学校的演讲比赛就要开始了，彭燕第一次参加这样的比赛，因此心里显得非常紧张。

平日里，彭燕是一个性格内向、话特别少的女孩子。她走在路上总是低着头，害怕与人进行目光交流；上课时，她回答老师的提问也是低着头，显得很不自信。这次要当着众人的面进行演讲，彭燕真不知道该怎么办了。

彭燕上台演讲的时候，她的心怦怦乱跳，她看着台下黑压压一片，紧张得连动作都有些迟缓了，于是，她只好低着头讲了起来。

讲了一会儿，她试着抬起头来，可一看到那么多双眼睛，又怯怯地低了下去。就这样，彭燕低着头把演讲稿念完了。

整个演讲过程很平静，既没有互动，也没有掌声。这无疑是一次不成功的演讲。

## 父母要知道

眼睛是心灵的窗户，很多时候只要透过眼神就能与对方进行交流。一般来说，不同的眼神代表不同的情感，比如，正视表示庄重，斜视表示轻蔑，仰视表示思索，可见，眼神的含意是丰富多彩的。

案例中的彭燕演讲时低着头，这就失去了与听众交流的机会，让听众觉得演讲与他无关。所以，要引导孩子在演讲时用眼神与听众进行默契的互动，并用表情传达自己的意思，让每一位听众都感受到自己的语言魅力，这才是成功的演讲。

## 培养好口才这样做

在演讲中，要让孩子用眼神与听众交流是有一定难度的，尤其是对上台比较少，或是性格内向的孩子来说更不易。试想，在众目睽睽之下，有时甚至会招来漠视的目光，这个时候，想要淡定、自信地望着台下的听众是需要勇气的。

那么，如何引导孩子用好自己的眼神和表情呢？以下几点值得父母们借鉴：

### 1. 扫视以掌控场面

告诉孩子上台演讲的时候，不要一上台就开讲，而要先扫视一下全场，一方面稳定自己的情绪，另一方面用眼神控制全场，在气势上压制听众，让听众安静下来，接着再进行演说。在整个过程中也要时不时地扫视全场，以此来掌控场面。

### 2. 目光要主动、协调

在演讲的过程中，要让孩子主动与听众进行目光接触，而不要回避，眼神不能游离，要专注地扫视听众，这样才能让听众感觉到他的重视。此外，当孩子用目光注视听众时，表情要和眼神同步，协调一致，传递出同样的意思。

### 3. 表情要自信、柔和

演讲的时候，面部表情也是一个传达信息的渠道，听众能够从演讲者的表情中获取想要的信息。因此，孩子在演讲的时候，一定要注意下巴微微前伸，表现出自信、柔和的一面，直视所有听众。

🎤 **口才训练课** ⋯⋯⋯⋯

在演讲中，面部表情会自然而然地发生变化，一个恰到好处的表情往往能够起到锦上添花的效果。然而表情要自然、恰当也是需要练习的。平时不妨利用镜子和孩子一起玩表情游戏，丰富孩子对表情的理解。

你需要：

准备一面镜子。

怎么做：

1. 说出一种表情，让孩子对着镜子进行模仿练习。比如：

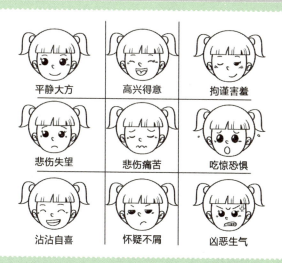

| | | |
|---|---|---|
| 平静大方 | 高兴得意 | 拘谨害羞 |
| 悲伤失望 | 悲伤痛苦 | 吃惊恐惧 |
| 沾沾自喜 | 怀疑不屑 | 凶恶生气 |

2. 随着情绪的变化，让孩子仔细观察镜中的自己。多加练习，孩子就会对不同的表情更有感悟。如果在演讲时能够随心所欲地应用，自然能为演讲增光添彩。

写下孩子的表现：

_____

_____

## 手势是演讲的"第二语言"

当朋友相遇时，远远地招招手，即便不说话，也表示打过招呼了；当声音过于嘈杂时，做个"OK"的手势，就表示"好"或是"同意"；等等。可见，手势在日常生活中表示的含义非常丰富，可以说是我们交流的"第二语言"。如果能够引导孩子在演讲时适当运用手势，那么，他与听众的交流就会变得更加通畅。

### 真实场景秀

最近，学校组织了以"五一劳动节"为主题的演讲比赛。

在演讲比赛中，同学们依次上台发表感想，不一会儿就轮到董馨上台了，她想：前面的同学讲得都太一般了，平平淡淡的没什么特色，我要想超越他们，就必须做出能够吸引同学们的动作来。

思索了一番，董馨走上讲台，首先深深地一鞠躬，然后说："我今天要讲的主题是'劳动，让我们奔向幸福的生活！'接着举起右手，握紧拳头，做出向前冲的姿势。

台下的同学们都被董馨的这些动作深深地吸引住了，纷纷热烈鼓掌。

获得肯定的董馨更加情绪激昂了，在接下来的演讲中，各种手势应用得炉火纯青，讲得既生动又形象，最后获得了本次比赛的第一名。

## 培养好口才这样做

在演讲中，恰到好处地运用手势，能够使演讲更加生动。因此，让孩子学习一些标准的手势是很有必要的。以下列举几个站姿演讲和坐姿演讲的手势，当然有时候它们之间也可以互用。

### 1. 站姿演讲的手势

站姿演讲的手势有很多，这里主要介绍三种：拇指式，竖起大拇指，其余四指握拳，表示第一、强大、肯定、赞美等；抚胸式，即五指自然并拢放在胸前，多指自己；双手托起式，即双手掌心向上，拇指张开，其余手指稍弯，表示赞美、肯定，多用于结尾。

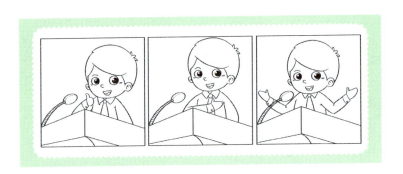

### 2. 坐姿演讲的手势

坐着演讲时，标准的手势是将双手置于桌面上，身体自然前倾。通过自己的姿势，表达友好的态度。尤其要注意的是，不要抱臂，一是显得自己很没有礼貌，给人一种傲慢的感觉，让人敬而远之；二是暴露自己的紧张，一般不知所措的时候，我们都会通过抱臂来缓解。因此，演讲时最好不要抱臂。

手势的种类有很多，孩子在学习之后，想要做得标准、恰当是不容易的。日常生活中，父母可以多引导孩子运用手势来交流。

**你需要：**

给孩子讲解一些手势的含义和运用。

**怎么做：**

1. 告诉孩子一些常用手势所代表的含义。比如，搓手式，表示做好了准备；拳举式，表示示威；比"O"形，表示"好""行"；等等。

2. 让孩子在日常生活中多运用这些手势，或者通过互动游戏，由一方做出手势，另一方做出解释，以此来加深孩子对手势的理解。

**写下孩子的表现：**

_____

_____

_____

## 孩子演讲总卡壳，克服紧张是关键

　　马上就要演讲了，明明事先准备好了演讲稿，反反复复不知道预习了多少次，都能把稿子倒背如流了，可是一上台，看见观众席上黑压压的一片，所有的眼睛都盯着自己看，脑袋一下子就空了，然后就卡壳了……这样的情况，相信很多孩子都经历过。为什么会这样呢？主要原因是太紧张了。因此，克服紧张是孩子演讲顺畅的第一步。

### 真实场景秀

　　张静是三年级的学生，她下个月就要参加学校举办的演讲比赛了，这是她第一次参加演讲比赛，为了做好准备，她认真地写起了演讲稿。

　　张静的演讲主题是"学习需要恒心"，围绕着这个主题，她开始大量查阅资料，找来一些名人名言，再融入自己的思想，把演讲稿写得很精彩，甚至想好了哪处应该用什么手势或表情。

　　一切搞定之后，张静就开始反复地背诵，把演讲稿背得滚瓜烂熟。

演讲当天，到了学校之后，张静才发现忘记带演讲稿了，心情一下子就坏透了。冷静之后，张静仔细回忆了演讲稿的内容，心想幸好自己背熟了。

然而，当她一上台，看见台下黑压压一片的时候，一紧张，脑袋里一片空白。本来背得很熟的演讲稿，这时候却只记个零零碎碎，整个演讲过程中时不时地卡壳，张静只好硬着头皮讲完。

事后张静才认识到，即便准备再充分，如果不能克服紧张，演讲一样会失败。

## 父母要知道

演讲不仅考验孩子的口才，还考验孩子的心理素质。这也说明，具备良好的心理素质是好口才的基本条件。案例中的张静第一次参加演讲，准备充分，但到了演讲的当天，却被台下众多观众注视的目光吓到了，心里一紧张，演讲就失败了。可见，在孩子日常的口才训练中，心理素质的加强是必不可少的。

### 培养好口才这样做

其实，任何一位成功的演讲者都会怯场。不过，他们总有办法克服。对于孩子演讲中的卡壳，可以予以正确的引导，帮助他们解决心理上的焦虑问题，具体可以从以下四个方面进行引导。

## 1. 调节紧张的心理

造成孩子演讲卡壳的最主要原因就是紧张。在上台前，可以引导孩子先放松自己，保持轻松、愉悦的状态。如果依旧感到紧张，可以做几次深呼吸，或来一点儿"精神胜利法"。用这样的心理暗示来坚定信心，自信地走上讲台开始演讲。

## 2. 记住关键词，思路要清晰

上台演讲之前，一定要记住整个演讲中的关键词。比如，可以把演讲稿各段中的衔接句、关键句、结尾句以及一些容易忘记的数字等写在卡片上，以便在演讲时提醒自己。也就是说，如果能把要讲的内容串成一条线，并牢牢地记住它，那么，在演讲的时候按照这条线走下去，就能把话说顺，也就不容易卡壳了。

## 3. 期望不要过高

很多孩子对演讲的期望过高，希望自己做得特别完美。在进入现场、走上讲台的时候紧绷着神经，抱着"成败在此一举"或"一定要让自己的演讲引起轰动"等想法，如此一来就产生了巨大的心理压力，自然会影响演讲的正常发挥。

## 4. 掌握一些演讲技巧

为了克服紧张，可以在演讲开始时适当地提高语调，因为洪亮的声音有助于稳定现场，同时也有助于稳住自己的情绪。正式进入演讲时要尽量做到"思路先行"，把握住演讲的整体内容，毫不犹豫地讲下去。一旦演讲进入顺畅的良性循环，离成功也就不远了。

　　大多数孩子都很少有在众人面前进行表演或者讲话的机会。也就是说，孩子演讲紧张，其实是因为缺乏锻炼的机会和环境的刺激。如果父母多带孩子参加活动或出去走走，那么孩子自然而然地就不会紧张和卡壳了。

**你需要：**

多带孩子参加活动或外出走走。

**怎么做：**

　　1. 在日常生活中，多带孩子参加一些亲子活动，比如商场举办的有关孩子的活动，可以和孩子一起参与其中，让孩子在热闹中锻炼自己活泼、自信的性格。

　　2. 刚开始，孩子可能会不太敢尝试这些活动，父母要耐心地引导，这样，多参加几次，孩子自然就会克服害怕的心理。

　　**写下孩子的表现：**

_____

_____

_____

# 即兴演讲，引导孩子这样说

即兴演讲，就是在特定的情境和主体的诱发下，自发或被要求立即进行的当众说话，是一种不凭借文稿来表情达意的口语交际活动。演讲者事先并没有任何准备，而是有感而发，因此，难度是比较大的。这也是检验一个人口才好坏的重要标准。对于孩子来说，进行一些即兴演讲训练，对口才的提升有很大的促进作用。

**真实场景秀**

章佳天生有一副好嗓子，不仅声音甜美，说起话来还头头是道，天生就有做演讲家的潜质。

爸爸妈妈发现章佳的这一优点后，就问女儿："你这么能说，想不想当个演讲家呢？"

"好啊，好啊！"女儿兴奋地说道。

后来，在爸爸妈妈的培养下，章佳果然在口才方面取得了优异的成绩，在学校的演讲比赛中屡屡获得冠军，而且在全县的演讲比赛中取得了优异的成绩。

一天，章佳和妈妈在小区散步，几个叔叔阿姨过来聊天，对章佳说："听说你在演讲中又获得大奖了，可不可以现场给我们来个演讲啊？"

章佳一听，有点为难地说："这个……我一点儿准备都没有啊！"

"你都能拿大奖，这对你来说不是很简单的事吗？"

无奈之下，章佳只好硬着头皮讲了起来，还好自己之前演讲过很多次，这次只是把自己讲过的内容再重复一次。

回到家后，章佳有点气馁地说："妈妈，我感觉我的口才并没有想象中的那么好，如果别人随便给个主题，让我即兴演讲，我肯定会搞砸。"

妈妈安慰她说："即兴演讲本来就很有难度，很多演讲家对此也很吃力呢，相信只要你多加练习，就会掌握技巧的。"

章佳认真地点了点头。

**父母要知道**

即兴演讲对孩子来说有一定的困难。它不仅需要孩子掌握一定的知识广度，具备较强的综合能力，即在很短的时间里把符合主题的材料组合在一起，而且需要孩子掌握较高的现场表达技巧以及较强的应变能力。在即兴演讲的过程中，孩子可能会遇到各种情况，比如怯场、忘词等。这时只有沉着冷静，巧妙应变，才能顺利地讲下去。

案例中的章佳虽然取得了优异的演讲成绩，但在面对即兴演讲的时候难免一时紧张，好在反应敏捷，用经验回应了叔叔阿姨的要求。如果此时是命题演讲，估计就没这么容易应付了。可见，孩子要想做好即兴演讲，需要学习的技能是多方面的。

## 培养好口才这样做

即兴演讲往往都是现场命题，大部分孩子应对这样的演讲都比较吃力。那么，针对这样的情况，应该如何来引导孩子呢？我们可以从以下几个方面做起：

### 1. 多进行知识积累

知识积累是好口才的基础，胸无点墨是讲不出有水平的话的。即兴演讲很大程度上考验的就是孩子日常的知识积累，如果对一个演讲主题孩子不甚了解，又如何演讲呢？所以，在训练孩子的即兴演讲能力时，一定要让孩子多看书、多与人交流，扩大知识面。

### 2. 稳定情绪，从容应对

即兴演讲的大敌就是紧张。无论对方提出的主题是什么，都要保持镇定，让自己的情绪稳定下来，并保持全神贯注，认真地领会演讲主题。这样，进行即兴演讲时，也就不会心慌意乱了。有了思想准备，接下来的演讲就能从容应对了。

### 3. 内容短小精悍，结构严谨

即兴演讲，必须瞬间抓住对方的注意力，因此必须短小精悍。短小指的是篇幅要短，精悍则是指内容要精练。它不必像准备充分的演讲那样讲究布局谋篇，不过也要结构严谨、详略得当，要有快节奏的风格和一气呵成的气势，在短时间内打动听众。

### 4. 不要信口开河

在即兴演讲的过程中，很多孩子会由于一时的紧张或是词穷而乱说一通。面对这样的情况，最好找个合适的机会或是提个问题，利用短暂的时间停顿思考，而不能没有根据地乱说一气，否则只会越说越糟。

**口才训练课**

即兴演讲是孩子在没有充分准备的前提下进行的，让孩子进行这样的训练，对其口才的提升是大有帮助的。因此，在日常生活中，父母可以通过一些游戏来增强孩子这方面的能力。

**你需要：**

准备若干张卡片和彩笔。

**怎么做：**

1. 在卡片上写上一个主题，比如水中的鱼儿、操场上的人们、树上的鸟儿等。然后随意抽出一张，让孩子针对主题即兴演讲。

2.如果孩子说不出来，父母要适当地引导，同时，对孩子说得不好的地方可以委婉地纠正，如果孩子说得好则要及时给予肯定。

写下孩子的表现：

_____

_____

_____

# 秀出好口才，演讲要注意抓重点

任何一场演讲都有一个主题，而且一场好的演讲一定是将主题的意思清晰地传递给每一位观众。因此，孩子在进行演讲前，要做好充分的准备，不仅要充分收集材料，还要把握听众的心理。这样才能更好地将自己所要表达的重点传递给听众，演讲也才算完成。

## 真实场景秀

李哲是班里的学霸，在班里担任班长，他不但学习好，而且口才也很棒。

每一次开学时，他都要做新学期的开学演讲。这不，新学期就要到了，李哲又在准备演讲了。这次他巧妙构思，抓住了自己最想强调的内容——"新"，进行了演讲。

开学当天，李哲自信地走上讲台，清了清嗓子，开始讲：

"亲爱的同学们，你们好！非常高兴又与大家见面了。新的一学期不知不觉又到来了，从今天开始，我们将带着父母、老师寄予的新的希望，也带着自己新的梦想，开始新学期的新生活。

"希望在新的一年里，我们能够以新的行动、新的风貌、新的一切去面对明天新的学习，展示新的生活，掌握新的知识，增加新的技能，取得新的成绩。

"相信当这个学期结束之后，大家一定会以新的姿态、新的风采升入新的年级里。那时我们一定会更加骄傲地说'新的生活又开始了……'"

就这样，李哲激昂地说了一连串的"新"字，向同学们强调了新学期要有新气象，在同学们的心里留下了深刻的印象。

## 父母要知道

在日常生活中，有些孩子在讲话时最常见的问题之一就是言之无序，具体表现就是啰里啰唆、没有条理、没有重点。这样的缺点一旦放到演讲中，会非常糟糕。其实，孩子之所以讲不清楚重点，有很多方面的原因，比如语言组织性差、思维逻辑性差等。对此，父母需要耐心地引导，帮助孩子分析演讲的重点是什么，如何进行阐述，逐步提高孩子说出重点的能力。

## 培养好口才这样做

演讲能够很好秀出孩子的口才，增添孩子的魅力，但如果秀得不够好，同样会遭遇尴尬。比如，很多孩子情绪激昂地在台上讲了一大堆，可到头来听众什么也没听懂。这就需要父母引导孩子讲出自己的重点，在一场演讲当中注意以下几个要素。

### 1. 弄清楚自己要讲什么

也就是演讲的确切主题是什么，这是演讲成功的关键。只有准确把握演讲的重点，了解演讲的主题，才能准确地切入演讲的核心，抓住关键内容。因此，孩子演讲前，父母要帮助孩子分析主题是什么，重点要讲什么，这样，听众才能听得明白。

### 2. 多次强调演讲的重点

当演讲的重点内容确定后，为了强调这些重点内容，可以让孩子在演讲的过程中多强调几次，就像案例中的李哲强调新年的"新"字一样，这不仅有效地加深了听众的记忆，还突出了演讲的重点。

### 3. 不要过于重复，否则令人生厌

前面我们说了，要多次强调演讲中的重点内容，但凡事要有个度，演讲重点的确应该强调，但这也需要遵循一定的规则——合情合理。如果强调的次数太多，反而会让人反感，给演讲带来负面的效果。

🎤 **口才训练课**

有些孩子看起来能说会道，但实际上讲不到重点。这样的孩子往往领悟能力较弱，归纳能力差，因此，父母可以通过一些训练，比如说一段话，让孩子归纳出重点是什么，以此来增

强孩子抓重点的能力。

**你需要：**

准备一些话题，比如做家务、玩玩具等。

**怎么做：**

1.父母给孩子说一段有关做家务的话。比如，放学回来后，要收拾好房间，把自己的书桌整理干净，还要择洗好蔬菜，等着妈妈回来做晚饭，等等。

2.让孩子说出重点应该做什么，并检查孩子是否都做好了。

**写下孩子的表现：**

_____

_____

_____

## 第九章

▼

# 好口才功夫在台下，伶牙俐齿练出来

▼

俗话说："台上一分钟，台下十年功。"这充分说明了台上孩子出色的表现，离不开长期的训练。孩子好口才的培养，不仅体现在学习说话和掌握技巧上，更需要在其他方面，诸如阅读、念绕口令、讲故事、描述事物等方面加以训练，如此才能让孩子的口才更好。

## 多阅读，让孩子说话更有趣

好口才不仅要能说，而且要会说。这就需要孩子掌握大量的知识。如果胸无点墨，要么是无话可说，要么是说出来的话空洞乏味、俗气。也就是说，一个思想空洞、心灵苍白的人，即便掌握了说话技巧，离好口才也还是差了一段距离，而阅读正是弥补这段距离的好方法。

**真实场景秀**

黎芳从小就特别爱看书，是一个不折不扣的"书虫"。

黎芳两三岁的时候，爸爸妈妈就给她买了许多图画书，那时黎芳还不怎么认识字，却被书中的图画深深地吸引住了，从此便对书产生了浓厚的兴趣。

每天早上，黎芳睁开眼的第一件事就是看图画书；晚上入睡前，也总是要妈妈给她讲故事，不然就不肯入睡。

就这样，黎芳一直保持着对读书的热爱，幼儿园毕业时就看完了近百本图画书，知识面要比同龄的孩子丰富很多。后来，进入小学，黎芳又开始看文字版的故事书。

正是因为黎芳坚持看书，她在日常的讲话中可以随意引出很多成语故事和寓言故事。尤其是在演讲比赛和知识竞赛中，黎芳经常能引经据典，说得头头是道，让同学们佩服不已。

**父母要知道**

著名的演说家基本没有不爱阅读的，或许正是大量的阅读积累，才造就了他们演说的成功。同样的，爱阅读的孩子更具备成就好口才的潜力。一个从阅读中体会了古今中外生活的不同，倾听了众多的智慧语言，领略了无数思想成果的孩子，不仅思想成熟，而且人格也更加完善，如此一来，讲出来的话也就更有水平了。

案例中的黎芳由于从小爱读书，因此在平日的讲话中显得与众不同。

**培养好口才这样做**

文字的魅力是巨大的，阅读对孩子智力的开发大有帮助，孩子在接触书籍后，自己的表达能力会提高。可以说，孩子想要练就好口才，阅读是一条必经之路。那么，父母在引导孩子阅读的过程中，应该怎么做才能更好地提高孩子的语言表达能力呢？

1. **多给孩子讲故事**

听故事可以提高孩子的理解力、记忆力和语言表达能力。当孩子还不怎么认识字的时候，父母可以和孩子一起阅读，每天给孩子讲几个小故事，增强孩子的理解力，提高其语言表达能力。在讲故事的过程中，语言要生动，表情要丰富，对年龄小的孩子，父母还要做一些辅助动作来帮助孩子理解，以此激发孩子的想象力，为孩子以后培养良好的表达能力打下基础。

### 2. 教给孩子一些阅读技巧

掌握好的阅读方法有助于提升孩子的阅读效率。在阅读书籍之前，首先要求孩子把整本书浏览一遍，看看书中的内容是否和自己的生活有联系；如果书籍中有插图，应该要求孩子尽量仔细地观察这些插图，用自己的想象来猜测书中的内容，然后再对照文字，看自己的联想是否准确；或是让孩子多去猜测字的读法和意思，以此加深孩子对书中内容的理解。

　　培养孩子爱阅读的习惯，主要在于培养孩子对图书的热爱。因此，在空闲的时候，不妨陪孩子一起来制作一本图画书吧！或许孩子会在制作的过程中渐渐地喜欢上阅读。

　　**你需要：**

　　准备一些卡片、彩笔、小锥子和线。

　　**怎么做：**

　　1．和孩子一起将自己的想法画在小卡片上。可以由妈妈说，孩子画，然后一起涂色，并写上相关的文字，也可以让孩子自由发挥。

　　2．写完之后，再和孩子一起进行装订，用小锥子在卡片的左边钻小洞，然后用线连起来，系紧。使用工具时要注意安全。

　　3．让孩子感知创作的过程：确定主题—构思文字—配音插画—图书装帧。并让孩子体验当小作家的乐趣，增加对阅读的喜爱。

　　**写下孩子的表现：**

_____

_____

_____

# 读绕口令，让孩子口齿更伶俐

绕口令是我国一种传统的语言游戏，特点是将若干双声、叠词词汇，或发音相同、相近的词集中在一起，组成简单、有趣的语韵，读起来富有节奏感。通过读绕口令，能很好地训练孩子大脑的反应能力和嘴皮子的灵活性。因此，经常让孩子读读绕口令，有助于孩子口才能力的提升。

## 真实场景秀

雨轩从小生活在良好的语言环境中，普通话说得特别好，而且声音也很好听。一张嘴更是十分利索，说话基本不会出现打结的现象。

同学们都问雨轩是怎么做到的，雨轩很谦虚地说："这得感谢我的爸爸妈妈，可能与他们从小对我的教育有关吧！"

"我的爸爸和妈妈都是老师，从小他们就教我读书认字，尤其是在朗读方面，经常让我朗诵诗词，以及说一些非常有趣的绕口令。"

同学们恍然大悟，一个同学说："真想听你说绕口令，给我们说一段吧！"

雨轩清了清嗓子，说："高高山上一条藤，藤条头上挂铜铃，风吹藤动铜铃动，风静藤停铜铃静。"

雨轩一口气把这段绕口令说得清晰流畅，听得同学们目瞪口呆。

正是雨轩受到了良好家庭教育并且自己勤奋练习，她才得以有一个好口才，不仅得到了老师的夸奖，还让同学们羡慕不已。

### 父母要知道

通常来说，绕口令的字音相近，极易混淆，要想念得既快又好，没有快速的思维、良好的记忆、伶俐的口齿是很难做到的。经常让孩子说绕口令，能够提高孩子的语言表达能力，提高思维的敏捷性、灵活性和准确性。案例中的雨轩绕口令说得如此好，就在于长时间的训练。在训练的过程中，父母要注意，绕口令的内容应与孩子的年龄相符，比如小动物、天气等，这些都是让孩子更愿意主动练习的事物。

### 培养好口才这样做

绕口令对孩子的口才发展有良好的促进作用。很多孩子说不好，一方面是因为孩子自身的口才不好，另一方面是因为读绕口令并非简单地"说"，而是需要掌握一定的技巧。因此，父母可以通过以下方法来引导孩子更好地说绕口令。

## 1. 刚开始练习时要"慢"

在孩子刚开始练习绕口令时，一定要注意一个"慢"字。对孩子来说，学说绕口令就是练唇舌、练语言、练记忆、练思维，只要孩子说得流利、清晰，能够让人听懂且语速渐快，就是好的。如果一开始就追求速度，那么就很难读得正确，这样一来，快也就失去意义了。

## 2. 读"准"是"快"的前提

绕口令的字词读音都很相近，稍不注意就会出现差错。因此，在教孩子练习绕口令时，父母要为孩子准确地示范发音。要让孩子说绕口令时达到快速、准确的目标，就需要训练他们的唇、舌、口等器官的整体协调性。父母可以对孩子的口、唇、舌、喉等部位进行分类练习，以增加其灵活性。

## 3. 坚持不懈地练习

练习绕口令对口才发展确实有很大的帮助，但这需要长时间的训练，效果并不是立竿见影的。在孩子刚开始练习时，应先从简单的绕口令练起，循序渐进，不能急于求成。如果刚开始给孩子的难度太大，孩子就会因为说不好而失去兴趣，这样反而会适得其反。

我们知道，绕口令的练习要由慢到快，循序渐进，以吐字清晰、字音准确为目的，不要盲目图快。其实，这些都需要贯彻到具体的训练中去，不妨在日常的生活中和孩子多玩玩绕口令游戏吧！

**你需要：**

准备小卡片和笔。

**怎么做：**

1. 在小卡片上写上一些绕口令，比如《白石塔》："白石白又滑，搬来白石搭白塔。白石塔，白石塔，白石搭石塔，白塔白石搭。搭好白石塔，白塔白又滑。"

2. 父母先给孩子示范读一遍，然后由孩子自己读。在读的过程中，要求孩子逐渐由慢变快，以训练孩子的口才能力。

**写下孩子的表现：**

_____

_____

_____

## 讲故事，让孩子像演说家一样会表达

会讲故事也是好口才的体现，让孩子多讲讲故事，不仅可以锻炼其语言表达能力，提高思维的条理性、逻辑性，还可以让孩子在讲故事的过程中获得成就感，找到自信，让孩子形成开朗的性格和乐观的生活态度。可以说，一个口才好的孩子往往是会讲故事的，而那些不善于讲故事的孩子往往口才也差一些。因此，不妨用学习讲故事来培养孩子的好口才。

**真实场景秀**

苗苗是个不善言谈的孩子。在学校的时候，每次课间休息，别的同学在一起聊着各自感兴趣的话题，而苗苗却坐在座位上，似乎找不到合适的话题跟同学们沟通。

妈妈知道情况后有些着急，担心这样下去会影响苗苗的语言表达能力和人际交往能力，于是决定帮助苗苗打开与人交流的通道。思来想去，妈妈就给苗苗买了一些故事书，然后每天给她讲故事，再让苗苗自己复述故事。

此外，妈妈还经常与苗苗谈论故事中的内容和蕴含的道理，并告诉苗苗："多看故事书，能够丰富你的生活，学会讲故事，因为同学们都很爱听，这样你就会成为受欢迎的人了。"

在妈妈的引导下，苗苗觉得讲故事也是一件有趣的事情。于是，她渐渐地喜欢把读到的故事讲给同桌小文听。小文也很喜欢听苗苗讲故事。

渐渐地，苗苗融入了班里的集体生活，每到下课时间，她就和三五个同学坐在一起讲一些精彩的小故事，成了一个能说会道的"故事王"。

## 父母要知道

在讲故事的过程中，孩子会不由自主地模仿故事中人物的说话方式和语气，为了让听众更愿意听他讲，他会尽量生动地表达，这就很好地锻炼了孩子的表达能力，提高了他的口才水平。也就是说，无论是复述能力、逻辑思维能力，还是表达能力、再创造能力，都可以在讲故事中得到提高。所以，父母不仅要让孩子爱听故事，更要让他学会讲故事。

## 培养好口才这样做

孩子都很喜欢听故事，而往往不善于讲故事。这主要是因为讲故事并不是那么容易的。听别人讲故事绘声绘色，很吸引人，可是一旦要孩子自己讲，仿佛就不是那么回事了，他们往往会把故事讲得干巴巴的，毫无吸引力。因此，要想让孩子讲好故事，父母可以这样来引导。

1. 从简单故事讲起

要让孩子复述一遍故事也并没有想象中那么难，父母应该选择一些短小而又生动有趣的故事让孩子听，这样孩子才容易记得住。父母一定要记住，孩子是靠记忆和理解来记故事的，所以，不能不厌其烦地要求孩子讲述故事，否则只会适得其反。

2. 循序渐进，逐步让孩子完整地描述

孩子年纪尚小，往往不能听一次就完整地讲述故事。这个时候父母就应该采用听听、讲讲的办法。例如：第一次，让孩子记住角色出场的顺序；第二次，要求孩子学说故事中角色的话；第三次，让孩子把故事完整地讲述一遍。这样循序渐进地进行，孩子更容易掌握。

3. 给予孩子足够的耐心

孩子刚开始讲故事时，感到吃力是很正常的。即使孩子断断续续很长时间都没能把故事完整地讲述出来，父母也不要着急，不能说"快点啊"之类的话，否则会让孩子感到紧张，影响思考和表述。此时，应该给予孩子足够的耐心，慢慢地引导。

陪孩子进行亲子阅读应该是每一位父母都做过的事。其实，除了通过讲故事来培养孩子的表达能力外，在生活中的很多时候，比如看完电视节目或参加活动后，让孩子说说感受等，都是锻炼孩子表达能力的良好方式。

**你需要：**

在日常生活中，多给孩子表达的机会。

**怎么做：**

1. 在看完电影、电视节目后，让孩子对内容进行复述。一般优秀的电影、电视节目孩子都喜欢看，父母从这些孩子感兴趣的方面入手，以培养孩子的表达能力。

2. 在活动结束后让孩子进行复述训练。当孩子参加完某项活动后，比如运动会、春游等，会有很多感受，这时，父母可以让孩子给自己讲一讲，以提高孩子的表达能力。

**写下孩子的表现：**

_____

_____

_____

## 描述看见的事物，教孩子这样说

描述看见的事物，有些类似于口头作文，或者说有点儿像即兴演讲，都是在没有太多的准备和思考的前提下对一件事情或者事物进行描述，这是有一定难度的。如果说孩子讲故事是在原有故事的基础上进行复述，那么让孩子描述生活中的事物则更接近于原创，完全是自由发挥。它更能全面锻炼孩子的口才。

### 真实场景秀

丹丹是小学二年级的学生，不但作文写得很棒，而且说话也很有条理。这些好成绩的取得都与爸爸妈妈平时的培养有关。

在一个周末，丹丹和爸爸妈妈一起去公园里游玩。来到公园里，爸爸兴奋地对丹丹说："丹丹，你觉得今天的天气怎样，来描述一下吧。"

"今天，阳光明媚，湛蓝的天空中飘着几朵白云，微风吹过脸颊，好舒服啊！我真想欢乐地跑起来，这种不冷不热的天气，很适合出来活动！"丹丹欢快地说。

"真棒，真棒！不仅描述了天空，还描述了心情。"爸爸赞美道。

来到小湖边，只见桥下游着一群红艳的鲤鱼，爸爸趁机说："丹丹，你描述一下这些漂亮的鱼儿吧！"

丹丹眨了眨眼睛，说："一群群红艳的鲤鱼，在水里游来游去，时而露出水面，吐着泡泡，时而一跃身，又钻入了水里，它们彼此挤来挤去，像是在闹着欢儿似的……"

爸爸妈妈同时鼓起了掌："描述得活灵活现，丹丹的口才真棒！"

丹丹开心地笑了。

## 父母要知道

在所有训练孩子口才的方法中，描述事物可以说是最难的。它不像演讲，可以提前写好演讲稿；也不像写作文，可以静静思考，斟酌词句，反复修改。描述事物要求孩子在很短的时间内描述一件事情，所以，孩子必须发挥自己的文字表达能力、语言表达能力、逻辑思维能力、组织语言能力等。也就是说，这是培养孩子好口才比较有效的方法。

## 培养好口才这样做

通常来说，孩子如果能够很好地描述事物，那么，其口才的水平已经很高了。然而，这样的锻炼方式往往被父母们忽视，因此父母们必须注重起来，多对孩子进行这样的训练。

## 1. 从看图说话开始

当孩子还小的时候，相信每位父母都为孩子买过一些图画书。这个时候，孩子更多的是借助图画来看懂整个故事。如果孩子能把图画书上的内容用语言描述出来，那他的描述能力无疑是不错的。因此，父母可以借助这样的机会，在孩子看图画书的时候，引导孩子进行描述，慢慢地将完整的故事讲出来。

## 2. 让孩子用语言描述景物

生活犹如一幅美丽的画卷，比如，和孩子走到街上，"无边落木萧萧下"的场景很美；和孩子去旅游，"小桥流水人家，夕阳西下……"的画面也很美。这些美景不妨让孩子描述一番吧，这样做有利于增强孩子的表达能力。

## 3. 描述一件事情

训练要循序渐进，经过以上两个方面的训练后，孩子的描述能力有了一定的基础。此时，就可以让孩子尝试着完整地描述一件事情。一件事情有起因、经过和结果，有人物、时间和场景，人物有对话、动作和表情，等等，这些都需要孩子在瞬间进行思考，甚至思考和描述是同时进行的。如果孩子都能够说好，那意味着孩子的口才水平已经相当高了。

生活中有太多可描述的素材了，我们可以找一些孩子比较感兴趣的事情，比如周末一起去游乐场，或者去进行户外活动等，都可以和孩子一起讨论计划，然后让孩子描述出来。

**你需要：**

准备一个话题，可以是外出旅游，也可以是日常购物。

**怎么做：**

1. 告诉孩子，周末计划外出旅游，和孩子讨论这样的想法怎么样，要怎么规划时间，准备哪些东西，安排哪些项目。

2. 让孩子切实参与进来，一起写计划，一起准备东西，让孩子进行描述。

3. 讨论的过程中，要善于引导孩子，目的是让孩子完整地描述这个计划。

**写下孩子的表现：**

_____

_____

_____

# 给孩子争辩的机会

　　当孩子不听话，或是和自己顶嘴时，许多父母会认为孩子没有礼貌，不懂得尊重父母，于是大骂孩子："小孩子懂什么，给我住口！"有的父母甚至还会打孩子。其实，这样的行为对孩子的伤害是巨大的，如果能给孩子发表意见和争辩的权利，或许他们会变得更加善于表达。

**真实场景秀**

　　霍霍从小就爱看书，文学、历史方面的书籍他都爱看，不仅爱看，还喜欢和别人交流。

　　有一天，在小区里，几个邻居小朋友在讨论战国时期的名士，有一个小朋友说："战国有四大公子，分别是魏国魏无忌、赵国赵胜、楚国黄歇、燕国田文。"

　　霍霍听后立刻纠正说："你说得不对，田文是齐国人。"

　　"是燕国人！"小朋友争辩说。

　　"肯定是你记错了，孟尝君田文是齐国宰相田婴的庶子，不可能是燕国人。"霍霍认真地纠正他。

这时妈妈过来了，说："霍霍，我们回家去，准备吃饭了。"

霍霍跟妈妈回到家，妈妈问他："你为什么和小朋友争吵啊？"

"我们在谈论问题呢，他们非要说孟尝君是燕国人，我认为是齐国人，所以我们在争论。"霍霍有些激动地说。

"哦，原来是这样啊！这有什么好争辩的，你应该好好学习，不断提升成绩！"妈妈不屑地说道。

霍霍一听这话，有些生气，但也不知道该说些什么，只好不作声了。

## 父母要知道

在美国，很多父母经常鼓励儿女和自己辩论，甚至在家里举行辩论会，通过激烈的辩论来训练孩子的思维能力和语言表达能力，以培养孩子的口才。的确，辩论不仅能提高孩子的语言表达能力，还能使孩子敞开心扉，让亲子之间的关系更融洽。

所以，当孩子与自己辩论时，不要一味地训斥孩子。孩子进行辩论，一方面是独立的表现，说明他不希望再被父母指挥、安排，另一方面也是孩子急于表达自己的观点的表现。如果受到压制，时间一长，孩子就会变得沉默不语，表达能力的发展还会遭到阻碍。

### 培养好口才这样做

道理越辩越明，在辩论的过程中，通过摆事实、讲道理，能够促使孩子调动自己的各种能力，用口才去说服对方。更重要的是，通过争辩，锻炼了孩子的思考能力、表达能力、反应能力等，这对孩子的口才发展大有帮助。通常，我们在与孩子辩论的时候要注意以下几个问题。

### 1. 与孩子制定争辩的规则

不管是怎样的争辩，父母都要告诉孩子基本规则。争辩不应是胡搅蛮缠、随心所欲，而应是在讲道理的前提下进行的。不过，父母作为长辈，是制定规则的一方，因此要从实际出发，公平地对待争辩。

### 2. 不要做无益的辩论

有时候，争辩的问题难免各有各的理。但无论如何，不能闹情绪。实际上，很多争辩都是无益的，此时，最需要的就是冷静地思考。父母要告诉孩子，如果对方对自己怀有成见，那么，最好不要向对方提出辩论，否则只会火上浇油，越争辩，结果越坏。

### 3. 辩论不在输赢，在于锻炼口才

大多数辩论都会有结果，但有时也会不了了之。孩子在辩论中赢了的时候，不免会洋洋得意，而一旦输了又会垂头丧气。其实，孩子的这些态度是不正确的。父母要告诉孩子辩论是为了说出自己的想法，通过争辩提高自己的表达能力，而不是争出个输赢。

🎤 **口才训练课** •

你家有熊孩子吗？他们喜欢和你顶嘴吗？很多父母在面对这样的孩子时总是很无奈。其实，不妨和孩子来一场辩论会，让孩子尽情地释放他的能量，也锻炼一下他的口才。

**你需要：**

准备一个辩论主题，比如与孩子讲《两小儿辩日》。

**怎么做：**

1.先给孩子讲《两小儿辩日》的故事，然后抛出问题，让孩子说说哪一方说得有道理，站在孩子的对立面和孩子进行辩论。

2.最后给孩子普及正确的知识。这个辩论游戏适合年龄较小的孩子，因为这个年龄段的孩子对宇宙还未形成清晰正确的认识。

**写下孩子的表现：**

_____

_____

_____

# 各个阶段儿童语言能力的发展特点

孩子从牙牙学语到学会说话，意味着他们开始能用语言来表达自己的想法、喜恶，能够探知周围的世界，能和他人沟通。因此，语言能力的发展对孩子的成长是比较重要的。

一般来说，儿童语言能力的发展大致分为以下几个阶段。

## 1. 前语言理解阶段

0到8个月时，孩子通过"咿咿呀呀"地学语为语言的发展做准备。这个阶段的婴儿多次听到大人说同一个词时，会在头脑中建立起暂时的联系，以后只要听到这个词就能做出相应的反应，词的声音成了物体的信号。

## 2. 语言理解阶段

9到12个月时，孩子不再对相似的音调产生反应，而是开始对词的内容产生反应，开始懂得词的意思，词开始成为孩子大脑中的言语信号。因此，进行大量的语言刺激及引导对孩子的语言能力发展至关重要。

## 3. 单词语言阶段

1岁时，孩子能听懂10~20个词，但能说出来的比较少。1岁以后，孩子才真正建立语言听觉分析器和言语运动分析器之间的复杂联系，即进入与大人进行言语交际的阶段。直到1岁半以前，孩子的语言主要处于单词语言阶段。

## 4. 双词语言阶段

1岁半到2岁时，随着语言理解能力的发展，孩子的积极语言表达能力很快发展起来，语言结构也更加复杂化，出于交际的需要，孩子开始说双词。一般来说，这时候孩子能够用简单的语句和大人交流。

### 5. 简单句阶段

孩子2岁到2岁半时，随着掌握词汇数量的增加，尤其是随着大量的名词和动词的积累，孩子开始能说一些独词句，当然，这些句子还是比较简单的，由两三个或三四个词组成。从这时起，孩子开始有可能逐步从成人的言语习惯中来掌握语言的语法习惯。

### 6. 复杂句阶段

3到6岁时，孩子已经能够使用各种基本类型的句子。这个阶段，在儿童言语中几乎可以听到所有的词类，他们喜欢跟大人说话，喜欢听故事，并能记住其中的内容。他们不但能够理解并直接感知事物的词语内容，而且能理解并描述出他们所熟悉的但不被直接感知的事物。

进入小学阶段之后，儿童语言发展的总趋势由掌握字发展到掌握词和句，再发展到掌握初步的语法规律，最后发展到领会一定的逻辑思维。

由此可见，儿童语言能力的发展随着年龄的增长有着不同的特点，一般来说，5到8岁是孩子语言学习的最佳时期。如果错过了这个时期，只会令孩子的语言学习事倍功半。所以，想要培养孩子的好口才，就要根据孩子每一个阶段的语言特点进行训练。